中等职业教育经济管理类改革创新教材·市场营销专业

基础会计

张 伟 曹玉毡 刘兴录 主 编

王立峰 副主编

科学出版社

北 京

内 容 简 介

本书知识全面、通俗易懂，主要包括总论、会计要素及会计平衡公式、账户与复式记账、会计凭证、会计账簿、主要经济业务的账务处理、财产清查、会计核算程序、财务报表。

本书既可作为中等职业学校经济管理类市场营销专业、会计专业的教材，也可作为在职人员的岗位培训教材或自学用书。

图书在版编目（CIP）数据

基础会计/张伟，曹玉毡，刘兴录主编. —北京：科学出版社，2018.7
（中等职业教育经济管理类改革创新教材·市场营销专业）
ISBN 978-7-03-058257-7

Ⅰ.①基… Ⅱ.①张… ②曹… ③刘… Ⅲ.①会计学-中等专业学校-教材 Ⅳ.①F230

中国版本图书馆 CIP 数据核字（2018）第 155448 号

责任编辑：涂 晟 都 岚 / 责任校对：马英菊
责任印制：吕春珉 / 封面设计：东方人华平面设计部

科学出版社 出版
北京东黄城根北街 16 号
邮政编码：100717
http://www.sciencep.com

三河市良远印务有限公司印刷
科学出版社发行 各地新华书店经销

＊

2018 年 7 月第 一 版 开本：787×1092 1/16
2018 年 7 月第一次印刷 印张：12
字数：268 000
定价：30.00 元
（如有印装质量问题，我社负责调换〈良远〉）

销售部电话 010-62136230 编辑部电话 010-62135763-2013

前　言

为了更好地适应中等职业教育的发展，体现教育思想和教育观念的转变，突出职业教育的特色，编者基于学生的认知规律、技能养成规律，以及中职学校经济管理类"基础会计"课程的要求编写了本书。

本书内容具有以下特点：

1）循序渐进。本书从基础知识入手，由浅入深，循序渐进，注重理论与实践相结合，符合中等职业教育的特点和发展趋势。

2）注重实践。重视学生主动参与意识的培养，例题分析、课后练习等板块给学生提供了自学、动手的机会，使学生"学中做、做中学"，以充分发挥学生的能动性和主动性。

本书的编写队伍由具有多年财会教学经验和实践经验的双师型教师组成。本书由张伟、曹玉毡、刘兴录担任主编，王立峰担任副主编，参与编写的人员还有刘桂红、孙斌、高凤玲、王鲲鹏等。

本书的编写得到了迁安市职业技术教育中心、玉田县职业技术教育中心、邢台现代职业学校、陕西航空职业技术学院、沧州工贸学校、河北省科技工程学校的大力支持。在编写过程中，编者参阅了相关出版物，广泛听取了行业专家、一线教师的意见，在此一并表示衷心的感谢。

由于编者水平有限，书中疏漏之处在所难免，敬请广大读者批评、指正。

编　者
2018 年 4 月

目　　录

第一章 总 论

◎ **知识目标**

1. 了解会计的产生、发展及各个历史阶段的特点。
2. 熟悉会计的概念，了解会计的本质、基本职能和主要特点。
3. 掌握会计核算的前提条件及会计基础知识。

◎ **能力目标**

能够填制和审核会计凭证。

第一节 会 计 概 述

一、会计的概念

会计是以货币为主要计量单位，运用专门的方法，核算和监督一个单位的经济活动，为会计信息使用者提供经济信息的一种经济管理活动。

> **知识链接**
>
> 会计不是从来就有的，它是随着生产力的发展而逐步产生和发展起来的。在原始社会，生产力极其低下，社会产品的种类和数量很少，且不能满足人们的衣、食、住、行需要，也就不需要做任何记录。但是到了原始社会末期，生产力逐步发展，社会产品有了剩余，私有制的产生就有了可能，逐步出现了以"结绳记事""堆石记事"等简单的方法来计量和记录生产活动的过程和结果。为了更好地发展生产，人们对平时记录的数据加以分析整理，从而得到对生产发展有利的经济信息，会计也就逐步发展和完善起来了。

会计方法的演进，经历了由单式记账到复式记账的转化过程。简单地说，单式记账只是记录资金运动的一个方面，也就是只记资金的增加或减少而不记如何增加、如何减少的，而复式记账记录的则是资金运动的全部过程。

二、会计的含义

1. 会计的基本特点

1) 以货币为主要计量单位。企业的生产经营活动具体表现在商品的购销、各种原材料和劳务的耗费等实物运动，这些实物在客观上存在着多种计量单位，如实物计量单位"吨""千米"，劳动计量单位"工时""工日"等。为了全面、完整地反映企业的生产经营活动，会计核算客观上需要一种统一的计量单位作为计量尺度。在现代商品经济条件下，货币作为一般等价物自然而然地成了主要的计量单位。采用货币计量可以使生产经营活动统一地表现为货币资金运动，从而能够全面完整地反映企业的经营成果和财务状况及其变动情况。

2) 单位的会计核算应以人民币作为记账本位币。值得注意的是，业务收支以外币为主的单位也可以选择某种外币作为记账本位币，但编制的财务会计报告应当折算为人民币反映。在境外设立的中国企业向国内报送的财务会计报告也应当折算为人民币反映。

2. 会计的主要任务

会计的主要任务是核算和监督一个单位的经济活动。在现代商品经济活动中，会计主要就是利用专门的方法来对单位的经济活动进行核算和监督。

3. 会计的本质

会计的本质是对经济活动进行经济管理。会计所进行的经济管理主要是利用资金手段，对一个单位的经济活动进行价值管理，以及反映和监督经济活动。

三、会计的职能

会计的职能是指会计在经济管理活动中所具有的职责和功能，它是对经济运行进行的一种管理活动，主要表现在对经济活动进行的核算和监督。

1. 核算职能

会计的核算职能（反映职能）是指会计以货币为主要计量单位，运用填制和审核会计凭证、设置账户、复式记账、登记账簿、成本计算、财产清查、编制会计报告等方法对经济活动全面、连续、系统地进行确认、计量、记录、报告，以形成完整、综合的会计信息，客观、公正地反映经济活动的过程和结果。

2. 监督职能

会计的监督职能是以财经法规、国家政策、会计制度、企业会计准则等为依据，对

将要进行和已经进行的经济活动，就其合理性、合法性和有效性进行监督的过程。会计监督贯穿于经济活动的全过程，包括事前监督、事中监督和事后监督。

1）事前监督。事前监督主要是在参与编制各项计划和费用预算时，依据国家的法律、法规和制度，对未来经济活动的可行性、合理性和合法性进行审查。

2）事中监督。事中监督主要是在日常会计核算中，对于发现的问题提出建议，促使有关部门采取措施，调整经济活动。

3）事后监督。事后监督主要是对已经发生和已经完成的经济活动的合法性和合理性进行审查、分析、考核和评价。

会计的核算职能和监督职能关系密切，两者相辅相成。会计核算是会计监督的基础，没有会计核算提供的数据资料，会计监督就没有客观依据；如果只有会计核算而不进行会计监督，会计核算就不能有效地进行，就难以提供客观的会计信息，会计核算也就失去了存在的意义。

四、会计的特点

会计有以下 3 个基本特点，主要体现在会计核算环节。

（1）以货币作为主要计量尺度对经济活动进行反映

在现实的经济活动中存在 3 种计量尺度：实物量度、劳动量度和货币量度。前两种量度都具有局限性，只能用来度量一类或某几类事项，而现实经济业务中的量度单位多种多样，无法进行集中反映；而货币量度，则可对不同质的事物用相同的量度来进行反映，并可进行分类汇总和比较，提供综合指标。

会计是以货币形式进行综合计量的，但会计并不排斥实物计量和劳动计量，有时还需要借助它们作为辅助和注释性记录。例如，明细账、备查账的记录和财务报表附注可以使经济活动得到更有效、具体的反映，便于考核和控制。

（2）运用一整套专门的方法履行会计职能、实现会计目标

会计方法基本由会计的核算、检查、分析、预测、决策和控制等方法组成。其中，会计核算方法是会计信息的基础，会计检查方法是会计质量的保证，会计分析方法是会计信息利用的前提，会计预测、决策和控制方法是会计职能的延伸和管理细化的扩充。这几种方法都是为了从事会计活动、履行会计职能、实现会计目标所运用的技术手段，它们既密切联系，又有一定区别。

（3）提供的信息具有连续性、系统性、全面性和综合性的特点

会计要对企业的经济业务按时间顺序全面、系统、连续、综合地进行反映，为信息使用者提供信息。连续性是指按经济业务发生时间的先后顺序不间断地进行记录；系统性是指对各项经济业务既要相互联系的进行记录，又要进行必要的科学分类，使会计资料系统化；全面性是指对所有会计事项进行记载和反映，不能有任何遗漏或任意取舍，力求核算资料全面、可靠；综合性是指对发生的经济业务都必须以货币为单位进

行统一的计量，必要时再辅以其他量度，使会计主体的全部经济活动得到最集中的反映与控制。

五、会计核算的基本前提和会计基础

（一）会计核算的基本前提

会计核算的基本前提也称会计假设，是指对会计设计、会计工作的空间范围、会计方法所做出的最基本限定条件，也是设计和选择会计方法的重要依据。只有满足会计基本假设条件，会计核算才能正常进行下去。会计核算的基本前提包括会计主体、持续经营、会计分期和货币计量4项会计假设。

1. 会计主体

会计主体是指会计核算服务的对象，它是会计人员进行核算采取的立场及空间活动范围的界定依据。组织核算工作首先应明确为谁核算的问题，这是因为会计的各种要素，如资产、负债、收入、费用等，都是同特定的经济实体（即会计主体）相联系的，一切核算工作都是站在特定的会计主体立场上进行的。如果主体不明确，资产和负债就难以界定，收入和费用便无法衡量，以划清经济责任为准绳而建立的各种会计核算方法的应用便无从谈起。因此，在会计核算中必须将该主体与其他经济实体及该主体自身的财务活动严格区分开，会计核算的对象是该主体自身的财务活动。

> **知识链接**
>
> 会计主体与经济上的法人不是一个概念。作为一个法人，其经济必然是独立的，因而法人一般应该是会计主体，但是构成会计主体的并不一定都是法人。例如，从法律上看，独资及合伙企业所有的财产和债务在法律上应视为所有者个人财产延伸的一部分，独资及合伙企业在业务上的种种行为仍视其为个人行为，企业的利益与行为和个人的利益与行为是一致的，因此独资及合伙企业都不具备法人资格。但是，独资及合伙企业都是经济实体、会计主体，在会计处理上都要把企业的财务活动与所有者个人的财务活动截然分开。例如，企业在经营中得到的收入不应记为其所有者的收入，发生的支出和损失也不应记为其所有者的支出和损失，只有按照规定的账务处理程序转到所有者名下，才能算其收益或损失。

以会计主体作为会计的基本前提条件，对会计核算范围从空间上进行了有效的界定，有利于正确地反映一个经济实体所拥有的财产及承担的债务，计算其经营收益或可能遭受的损失，提供准确的财务信息。

2. 持续经营

持续经营作为会计核算的基本前提条件，是指企业在可以预见的将来，不会面临破产和清算，而是持续不断地经营下去。持续经营是一种时间上的界定。

持续经营对于会计十分重要，它为正确地确定财产计价、收益，为计量提供了理论依据。只有具备了这一前提条件，才能够以历史成本作为企业资产的计价基础，才能够认为资产在未来的经营活动中可以给企业带来经济效益，固定资产的价值才能够按照使用年限的长短以折旧的方式分期转为费用。对于一个企业来说，如果持续经营这一前提条件不存在了，那么一系列的会计准则和会计方法也会相应地丧失其存在的基础。所以，作为一个会计主体必须以持续经营作为前提条件。

3. 会计分期

会计分期是从持续经营引申出来的，也可以说是持续经营的客观条件。企业的经营活动从时间上来看是持续不断的，但会计为了确定损益、编制财务报表、定期为使用者提供信息，就必须将持续不断的经营过程划分成若干个期间。会计分期一般按照日历时间划分，分为年、季、月。我国《企业会计准则》规定：会计期间分为年度、半年度、季度和月份。会计期间的划分是一种人为的划分，实际的经济活动周期可能与这个期间不一致，有的经济活动可以持续在多个会计期间。但是，与企业有利益关系的单位或个人都需要在一个期间结束之后随时掌握企业的财务状况和经营成果，而不可能等待全部经营过程完结之后再考察企业的经营成果。所以，将会计分期作为会计的基本前提是由持续经营和及时提供信息的要求决定的。

会计分期的长短会影响损益的确定。一般来说，会计期间划分得越短，反映经济活动的会计信息质量就越不可靠。当然，会计期间的划分也不可能太长，否则会影响会计信息使用者及时使用会计信息的需要，因此必须恰当地划分会计期间。

小 贴 士

世界各国会计年度一般采用的形式：

1）4月制（即每年4月1日起至次年3月31日止），如英国、加拿大、日本等。

2）7月制（即每年7月1日起至次年6月30日止），如瑞典、澳大利亚等。

3）10月制（即每年10月1日起至次年9月30日止），如美国、缅甸、泰国等。

4. 货币计量

用货币来反映经济业务是会计核算的基本特征，因而货币计量也是会计核算的一个重要性的前提条件。选择货币作为共同尺度，以数量的形式反映会计实体的经营状况及

经营成果，是商品经济发展的产物。货币计量是会计核算的关键环节，是会计记录和会计报告的前提，货币则是会计核算的统一尺度。货币计量是以币值稳定为前提的，只有币值稳定，才便于对财产物资采用历史成本计价，才便于数据的加总和对比分析。

小 贴 士

我国的会计核算以人民币为记账本位币，在有多种货币存在的条件下，要将有关外币用某种汇率折算为记账本位币，以此登记账簿，编制会计报表。

会计核算的四大基本前提是相互依存、相互补充的。会计主体确立了会计核算的空间范围，持续经营与会计分期确立了会计核算的时间长度，而货币计量为会计核算提供了必要手段。没有会计主体，就不会有持续经营；没有持续经营，就不会有会计分期；没有货币计量，现代会计就无法提供全面、系统、综合的会计信息。

（二）会计基础

企业会计的确认、计量和报告应当以权责发生制为基础。

权责发生制是指凡是当期已经实现的收入和已经发生或应当负担的费用，不论款项是否收付，都应当作为当期的收入和费用；凡是不属于当期的收入和费用，即使款项已在当期收付，也不应作为当期的收入和费用。例如，本期使用借款应该负担的利息虽不在本期交纳，但本期应确认为费用；而支付的下年报刊费则不能作为本期费用。权责发生制可以合理地确定企业在一定会计期间的经营成果，可将经济业务所引起的权利和责任在会计资料中反映出来，是最重要的会计核算基础，故企业应当以权责发生制为基础进行会计确认、计量和报告。

收付实现制是与权责发生制相对应的一种会计基础，它是以收到或支付现金作为确认收入和费用的依据。

目前，我国的行政单位会计采用收付实现制，事业单位会计除经营业务可以采用权责发生制外，其他大部分业务采用收付实现制。

第二节　企业的经济活动、经济业务及会计对象

一、企业的经济活动

一个企业从成立、建造、营业直至最后，无时无刻不在进行着各种活动，如筹集资金，到工商、税务等行政管理部门登记注册、领取营业执照，市场调研，论证立项，吸收资本，到公安机关申请刻制企业公章，到银行申请开户及购买支票，办理经营许可证，

采购，生产，支付员工工资等。这些活动的目的就是要实现资产的保值增值，我们把这些活动称为经济活动。

在企业日常生产经营过程中，还会用现金或银行存款购置材料进行生产储备，用储备材料进行产品生产，将产品出售收回资金，从而完成一个资金循环过程。在这个循环过程中，企业的资金经历或呈现以下 4 种占用形态：

1）货币资金形态。企业的库存现金、银行存款和其他货币资金都属于资金占用形态，我们称这些占用形态为货币资金形态。

2）储备资金形态。企业用现金或银行存款购买了原材料并存放在仓库里，货币资金就转变成了储备资金形态。

3）生产资金形态。企业将原材料等物资，从仓库发到生产车间进行产品生产。这样，被原材料等物资所占用的储备资金就转化到车间正在生产的产品上，我们称正在加工中的产品所占用的资金为生产资金形态。

4）成品资金形态。产品在车间生产完工就要转入到产成品仓库。这样，生产资金就转化到产成品上，我们称完工产品所占用的资金为成品资金形态。

企业将产成品出售，收回现金和银行存款，这样，成品资金又转化为货币资金形态。企业的资金就是从货币资金开始，沿着供应、生产、销售这 3 个过程不停地循环周转，这就是资金的周转。

二、企业的经济业务

经济业务（也称会计事项）是指通过会计来核算和监督的经营活动和财务收支的具体事项。严格来说，凡经济活动中能用货币体现出来的都可以称为经济业务。经济业务总是引起同类或不同类（资产类或权益类）项目之间以相等的金额此增彼减。例如，购买原材料支出、购买办公设备支出、领用材料组织生产、发放职工工资、交纳水电费支出、交纳各种税金、销售产品取得收入、核算产品的生产成本、核算当期利润等，都是经济业务。

三、会计对象

会计对象，是会计核算和监督的具体内容，也就是对谁进行核算和监督。一般来说，凡是特定对象中能够以货币表现的经济活动，都是会计对象，亦即企业的资金运动。企业的资金，是指企业所拥有的各项财产物资的货币表现，主要表现为资金投入、资金运用和资金退出。例如，企业所有者投资，企业债权人投资；工业企业的供应、生产、销售三阶段的循环与周转；企业偿还各项债务、上交各项税金、向投资者分配利润等，都是会计对象。

课堂练习

签订经济合同、商业谈判、购买机器设备、发放职工薪金等活动,哪些属于会计对象?

第三节　会计核算方法

一、会计核算方法的内容

会计方法是指从事会计工作所使用的各种技术方法,一般包括会计核算方法、会计分析方法和会计检查方法。其中,会计核算方法是指对经济业务进行全面、连续、系统的记录和计算,为经营管理提供必要的信息所应用的方法,是会计方法中最基本的方法。它一般包括设置会计科目和账户、复式记账、填制和审核凭证、登记账簿、成本计算、财产清查和编制财务会计报告 7 种方法。

1. 设置会计科目和账户

设置会计科目和账户是指对会计核算的具体内容进行分类核算和监督的一种专门方法。由于会计对象的具体内容复杂多样,要对其进行系统地核算和监督,就必须对经济业务进行科学的分类,以便分门别类、连续地记录,据以取得经营管理所需要的信息和指标。例如,对企业的资产、负债、所有者权益、收入、费用、利润等会计要素都要分别设置一定的账户。

2. 复式记账

复式记账是对所发生的每项经济业务,都以相等的金额,同时在两个或两个以上相互联系的账户中进行登记的一种方法。任何一项经济业务的发生都会引起资金的增减变动。例如,从银行提取现金业务,一方面会引起银行存款的减少,另一方面则会引起库存现金的增加;又如,核算人工工资时,一方面引起人工成本的增加,另一方面引起应付职工薪酬的增加。采用复式记账法,可以全面反映每一项经济业务的来龙去脉,而且可以防止差错和便于检查账簿记录的正确性和完整性,因此这是一种比较科学的记账方法。

3. 填制和审核凭证

会计凭证是记录经济业务、明确经济责任,并作为记账依据的书面证明。借助会计凭证去办理会计手续,能及时反映和监督经济业务的发生和完成情况,保证会计记录真实、正确、合理、合法。填制和审核会计凭证,能够为会计记录提供真实的原始资料,从而保证会计核算的质量。

知识链接

1．原始凭证

原始凭证是企业、行政事业单位在经济业务发生或完成时取得或填制的，是进行会计核算、具有法律效力的原始书面证明，如我们常见的增值税专用发票、各种车船票等，如图 1-1 所示。

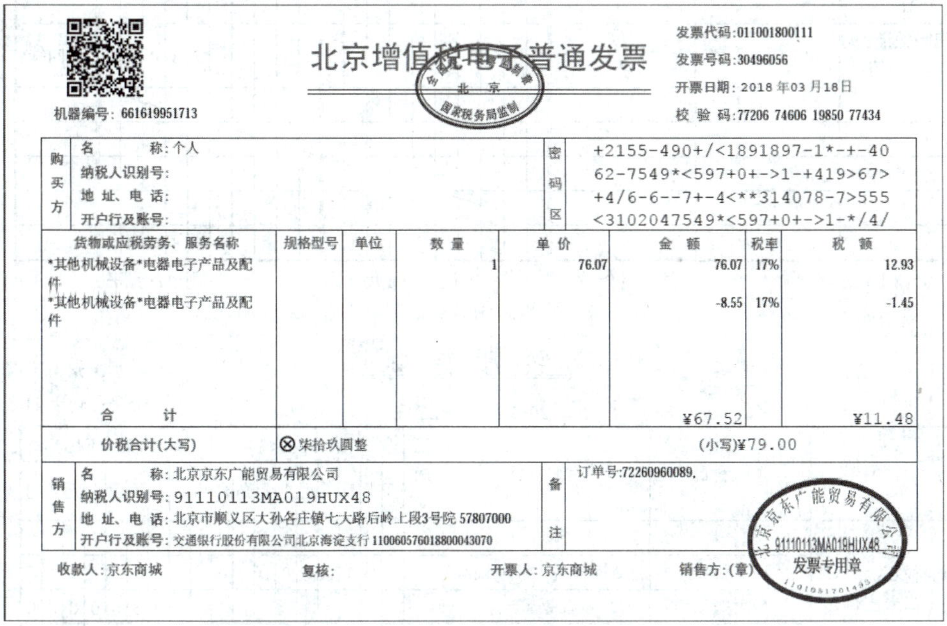

北京增值税电子普通发票

机器编号：661619951713

发票代码：011001800111
发票号码：30496056
开票日期：2018 年 03 月 18 日
校 验 码：77206 74606 19850 77434

购买方	名 称：个人 纳税人识别号： 地 址、电 话： 开户行及账号：	密码区	+2155-490+/<1891897-1*-+-40 62-7549*<597+0+->1-+419>67> +4/6-6--7+-4<**314078-7>555 <3102047549*<597+0+->1-*/4/

货物或应税劳务、服务名称	规格型号	单位	数 量	单 价	金 额	税率	税 额
*其他机械设备*电器电子产品及配件			1	76.07	76.07	17%	12.93
*其他机械设备*电器电子产品及配件					-8.55	17%	-1.45
合 计					¥67.52		¥11.48
价税合计（大写）	⊗柒拾玖圆整				（小写）¥79.00		

销售方	名 称：北京京东广能贸易有限公司 纳税人识别号：91110113MA019HUX48 地 址、电 话：北京市顺义区大孙各庄镇七大路后岭上段3号院 57807000 开户行及账号：交通银行股份有限公司北京海淀支行 110060576018800043070	备注	订单号:72260960089,

收款人：京东商城　复核：　开票人：京东商城　销售方：（章）

（a）发票

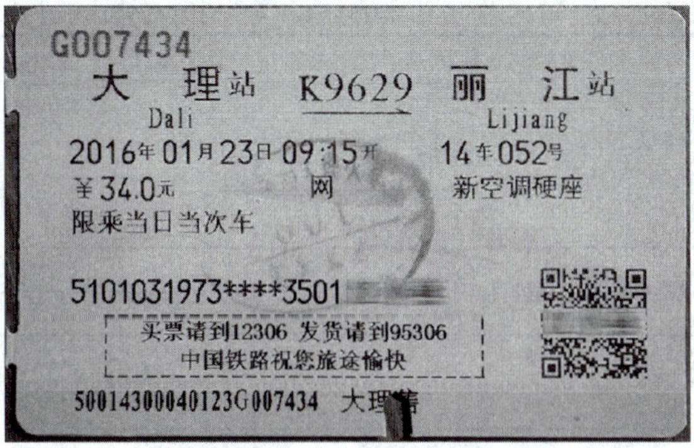

（b）车票

图 1-1 原始凭证

2．记账凭证

记账凭证是由企业财会部门根据已审核无误的原始凭证填制的、载有会计分录并作为记账依据的书面文件，如图 1-2 所示。

记 账 凭 证

2017 年 11 月 30 日   第 _119_ 号

摘要	会计科目		借方科目	贷方科目	记账（签章）
	总账科目	明细科目	千 百 十 万 千 百 十 元 角 分	千 百 十 万 千 百 十 元 角 分	
更正第"16"号	5502 管理费用		7 8 0 0 0		王向钱
记账凭证，购买办公用品	1002 银行存款			7 8 0 0 0	王向钱
			¥ 7 8 0 0 0	¥ 7 8 0 0 0	

附件 张

会计主管：李响   出纳：赵金   审核：孙爱民   制单：张平

（a）通用凭证

转 账 凭 证

总号：263
分号：转字 21

2017 年 4 月 26 日

摘要	总账科目	明细科目	记账√	借方金额	贷方金额	
				百 十 万 千 百 十 元 角 分	百 十 万 千 百 十 元 角 分	
购材料入库，款尚未支付	原材料	钢管		8 0 0 0 0 0 0		
	应交税费	应交增值税（进项税额）		1 3 6 0 0 0 0		
	应付账款	滨江钢管厂			9 3 6 0 0 0 0	
合 计				¥ 9 3 6 0 0 0 0	¥ 9 3 6 0 0 0 0	

附件 3 张

会计主管：于浩然   记账：文刚   审核：陈加净   制单：张映

（b）分类凭证（1）

收 款 凭 证

借方科目：库存现金   2017 年 12 月 16 日   收字第 4 号

摘要	贷方总账科目	明细科目	记账符号	金额									
				亿	千	百	十	万	千	百	十	元	角	分
退回差旅费余款	其他应收款	张峰								3	7	0	0	0
合计（人民币大写）叁佰柒拾元整									¥	3	7	0	0	0

附单据 1 张

会计主管（签章）：张天长   记账（签章）：   出纳（签章）：李瑞   审核（签章）：方卓   制单（签章）：郑芷

（c）分类凭证（2）

图 1-2 记账凭证

付 款 凭 证

贷方科目：银行存款　　　　　2017 年 12 月 21 日　　　　付字第 9 号

摘要	借方总账科目	明细科目	记账符号	金额										
				亿	千	百	十	万	千	百	十	元	角	分
支付水电费	制造费用	水电费						1	4	5	0	0	0	0
	管理费用	水电费							2	5	0	0	0	0
	应交税费	应交增值税							1	9	0	0	0	0
合计（人民币大写）壹万捌仟玖佰元整								¥	1	8	9	0	0	0	0

会计主管（签章）：张天长　记账（签章）：　出纳（签章）：李瑞　审核（签章）：方卓　制单（签章）：郑芷

（d）分类凭证（3）

图 1-2（续）

4. 登记账簿

账簿是由具有一定形式相互联结的账页组成的，用于记载和反映各项经济业务的簿籍。登记账簿是运用复式记账原理，以审核无误的会计凭证为依据，在账簿中分类、连续、完整地记录各项经济业务，以便为经济管理提供完整、系统的会计核算资料。

5. 成本计算

成本计算是按照一定对象归集和分配生产经营过程（供、产、销）中发生的各种费用，以便确定该对象的总成本和单位成本的一种专门方法，如计算材料采购成本、产品生产成本和销售成本等。成本是综合反映企业生产经营活动的一项重要指标。正确地进行成本计算，既可以考核生产经营过程中的费用支出水平，还可以作为确定企业盈亏和制定产品价格的基础，为企业进行经营决策提供重要依据。

6. 财产清查

财产清查是通过对货币资金、存货等财产物资等实物，通过盘点实物、核对账目，以查明各项财产物资实有数额和账面数额是否相符的一种专门方法。为了保证账簿记录的完整可靠，企业必须定期或不定期地对各项货币资金、财产物资、往来款项进行清查，如果发现账实不符，应查明原因、明确责任、调整账面记录，使账存数与实存数一致。通过财产清查，可以提高会计记录的正确性，保证账实相符；同时，还可以查明各项财产物资的保管和使用情况，以及各种结算款项的执行情况，以便对积压或毁损的物资和逾期未收到的款项及时采取措施，进行清理并加强对财产物资的管理。

7. 编制财务会计报告

财务会计报告是指企业对外提供的反映企业某一特定日期的财务状况和某一会计期间经营成果、现金流量等会计信息的文件，主要包括会计报表及附注，以及其他应当在财务会计报告中披露的相关信息和资料。编制财务会计报告，对于各企业、单位做出经营或理财决策、国家的宏观调控，以及相关单位和人员了解企业的财务状况和经营成果来说都是十分必要的。

二、会计核算方法体系

会计核算的 7 种方法相互联系、互相依存、彼此制约，构成了一个完整的方法体系。一般来说，在经济业务发生后，按规定的手续填制和审核凭证，并应用复式记账法在有关账簿中进行登记；一定期末还要对生产经营过程中发生的费用进行成本计算和财产清查，在账证、账账、账实相符的基础上，根据账簿记录编制财务会计报告。会计核算方法如图 1-3 所示。

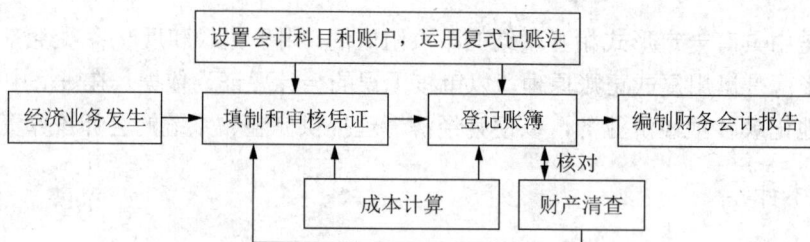

图 1-3 会计核算方法

课后练习

一、单项选择题

1. 会计的本质是（　　）。
   A．一种经济管理手段　　　　　　　B．一种货币资金管理工作
   C．一种经济管理工作　　　　　　　D．一种技术工作
2. （　　）界定了会计信息的时间段落，为分期结算账目和编制财务会计报告等奠定了理论与实务基础。
   A．会计主体　　　B．会计分期　　　C．会计核算　　　D．持续经营
3. 确定会计核算的空间范围的是（　　）。
   A．会计分期　　　B．会计监督　　　C．会计主体　　　D．持续经营
4. （　　）是指会计核算和监督的内容。
   A．会计职能　　　B．会计本质　　　C．会计对象　　　D．会计方法

5．会计对经济活动的管理属于（　　　）。

    A．事务管理　　　　B．劳动管理　　　　C．价值管理　　　　D．生产管理

6．企业会计核算的记账基础是（　　　）。

    A．收付实现制　　　B．现金收付制　　　C．权责发生制　　　D．现收现付制

7．凡当期已经实现的收入和已经发生或应当负担的费用，无论款项是否收付，都应当作为当期的收入和费用，计入利润表；凡不属于当期的收入和费用，即使款项已在当期收付，也不应当作为当期的收入和费用。这一会计记账基础称为（　　　）。

    A．权责发生制　　　B．现金收付制　　　C．实收实付制　　　D．收付实现制

二、多项选择题

1．根据《企业会计准则》的规定，会计期间可分为（　　　）。

    A．月度　　　　　　B．年度　　　　　　C．半年度　　　　　D．季度

2．会计主体是（　　　）。

    A．一个营利性组织　　　　　　　　　　B．具有"法人"资格的实体

    C．不具备"法人"资格的实体　　　　　D．不进行独立核算的企业

三、判断题

1．权责发生制是会计信息的首要质量要求。　　　　　　　　（　　　）

2．会计对象是社会再生产过程中的资金运动。　　　　　　　（　　　）

3．会计的基本职能是核算。　　　　　　　　　　　　　　　（　　　）

4．会计主要以货币计价进行监督，不必进行事务监督。　　　（　　　）

5．凡是特定对象能用货币表现的经济活动，都是会计核算和监督的内容。（　　　）

第二章 会计要素及会计平衡公式

◎知识目标

1. 了解会计要素的概念。
2. 熟悉会计要素的构成。
3. 掌握会计各要素的具体内容。

◎能力目标

1. 能够解释会计平衡公式。
2. 能够根据会计平衡公式中各要素之间的关系，分析不同经济业务类型对会计要素的影响。

第一节 会计要素

会计要素是对会计对象（资金运动）的基本分类，是会计对象的具体化，是会计报表内容的基本框架，也是账户的归并和概括。企业会计的基本要素有资产、负债、所有者权益、收入、费用和利润 6 个方面，可分为静态会计要素和动态会计要素两大类，如图 2-1 所示。

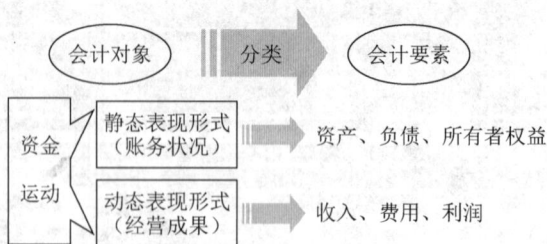

图 2-1 会计要素的组成内容

一、资产

1. 资产的概念

资产是指由过去的交易或者事项形成的、由企业拥有或控制的、预期会给企业带来

经济利益的资源。

企业的资产必须符合以下 3 个条件。

1）由过去的交易或事项导致的现实权利。

2）必须为一定的会计主体所拥有或控制。

3）预期能为企业带来经济利益的资源。

课堂练习

下列属于资产的有（   ）。

A. 企业购买的原材料、生产的产品等

B. 从外单位租赁的厂房

C. 企业自主发明的专有技术

D. 企业和某公司打官司，如果胜诉，能获得 20 万元赔偿

2. 资产的组成内容

资产是会计要素中最主要的要素，它按流动性可以分为流动资产和非流动资产，如图 2-2 所示（图中除流动资产外，均为非流动资产）。

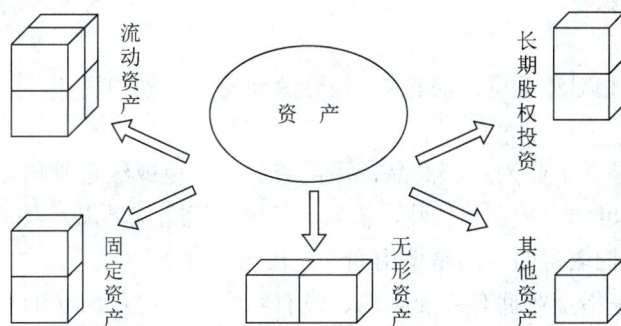

图 2-2 资产的组成内容

知识链接

资产的"流动性"是指资产变为现金或被耗用的难易程度。变现快，说明流动性相对较强；变现慢，说明流动性相对较弱。

（1）流动资产

流动资产是指可以在 1 年（含 1 年）或者一个正常营业周期内变现或被耗用的资产，主要包括库存现金、银行存款、应收及预付款项、存货等，如图 2-3 所示。

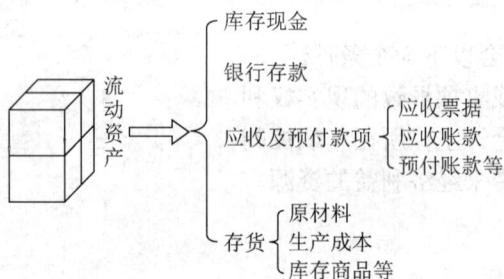

图 2-3　流动资产

1）库存现金是指企业由出纳人员保管并存放在企业内部保险柜里的现钞，包括人民币和外币。

2）银行存款是指企业存放在银行或其他金融机构的货币资金。

3）应收及预付款项是指企业在日常生产经营过程中发生的各种债权，包括应收账款、预付账款、应收票据、其他应收款等。它们一般会在 1 年内收回。

4）存货是指企业在日常活动中持有以备出售的产成品或商品、处于生产过程中的在产品、在生产过程或提供劳务过程中耗用的材料和物料等。它们一般会在 1 年内耗用或售出，同时收回款项。

（2）非流动资产

非流动资产是相对流动资产而言的，指除流动资产以外的资产，主要包括固定资产、无形资产等。

1）固定资产是指企业为生产商品、提供劳务、出租或经营管理而持有的，使用寿命超过 1 个会计年度的房屋、建筑物、机器、机械、运输工具以及其他与生产经营有关的设备器具等。它们取得的目的是使用而不是出售。

2）无形资产是指企业拥有或控制的、没有实物形态的可辨认的非货币性资产，如专利权、非专利权、商标权等。

二、负债

1. 负债的概念

负债是指企业过去的交易或者事项形成的，预期会导致经济利益流出企业的现时义务。负债必须符合以下 3 个条件。

1）它是由过去的交易或事项所导致的现时义务。

2）将来必须以债权人所能接受的经济资源加以偿还。

3）清偿负债会导致经济利益流出企业。

2. 负债的组成内容

负债按偿还期限的长短分为流动负债和非流动负债，如图 2-4 所示。

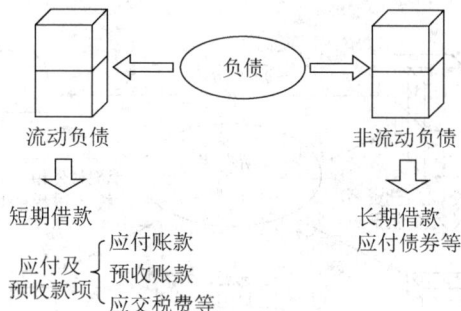

图 2-4 负债的组成

（1）流动负债

流动负债是指在 1 年（含 1 年）或者超过 1 年的一个正常营业周期内偿还的债务，包括短期借款、应付票据、应付账款、预收账款、应付职工薪酬、应付股利、应交税费、其他应付款等。

1）短期借款是指借款期限在 1 年以内（含 1 年）的银行借款。

2）应付票据是指企业因购买材料、商品和接受劳务等而开出并承兑的票据。

3）应付账款是指应付给供应单位的购买材料物资的款项。

4）预收账款是指按照购销双方协议约定，企业向购买单位预收的款项。

5）应付职工薪酬是指应付给员工的各种薪酬等。

6）应付股利是指应付给投资者的股利或利润。

7）应交税费是指应向国家缴纳的各种税费。

8）其他应付款是指除上述负债以外的其他各种应付、暂收的款项。

（2）非流动负债

非流动负债是指流动负债以外的负债，包括长期借款、应付债券等。

1）长期借款是指借款期限在 1 年以上的银行借款。

2）应付债券是指企业发行的 1 年期以上的债券。

三、所有者权益

1. 所有者权益的概念

所有者权益又称股东权益，是指企业资产扣除负债后由所有者享有的剩余权益，其金额为资产减去负债后的余额，即投资者对企业净资产的所有权。

2. 所有者权益的组成内容

所有者权益具体表现为实收资本、资本公积、盈余公积和未分配利润等，如图 2-5 所示。

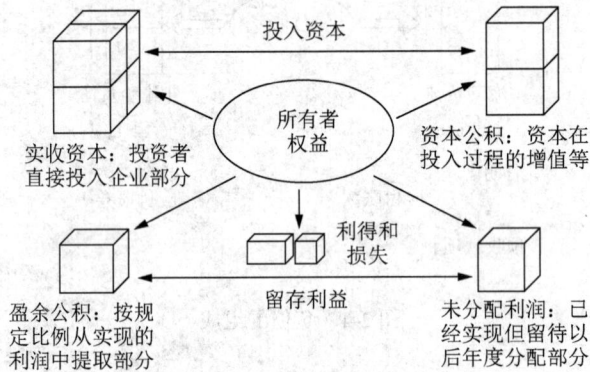

图 2-5　所有者权益

（1）实收资本

实收资本是指投资者按照企业章程或合同约定，实际投入企业的资本。投资者投入资本的形式有多种，可以用现金、非现金资产投资，符合国家规定的，还可以用无形资产投资。

（2）资本公积

资本公积是指投资者投入到企业的超过其在企业法定资本所占份额的资本或者资产，包括资本溢价和直接计入所有者权益的利得和损失等。

（3）盈余公积

盈余公积是指企业按规定从净利润中提取的各种公积金。

（4）未分配利润

未分配利润是指企业实现的净利润经过弥补亏损、提取盈余公积和向投资者分配利润后留存企业的，历年结存的利润。

四、收入

1. 收入的概念

收入是指企业在日常活动中形成的、会导致所有者权益增加的、与所有者投入资本无关的经济利益的总流入。

2. 收入的特征

1）从企业日常活动中产生，而不是从偶发的交易或事项中产生。
2）可增加资产、减少负债（如以销售的产品抵债），或二者兼而有之。
3）增加利润，因而最终能导致所有者权益增加。
4）仅指属于本企业经济利益的流入，不包括代收款项等。

3. 收入的组成内容

按其性质，收入可分为销售商品、提供劳务和让渡资产使用权等取得的收入。

五、费用

1. 费用的概念

费用是指企业在日常活动中发生的、会导致所有者权益减少的、与向投资者分配利润无关的经济利益的总流出。

2. 费用的特征

1）由过去的交易或事项产生的。
2）会引起资产减少或负债增加（如预提费用），或二者兼而有之。
3）会导致所有者权益减少，但与向使用者分配利润无关。

3. 费用的组成内容

按照功能分类，费用可分为从事经营业务发生的成本、管理费用、销售费用和财务费用等。

六、利润

利润是指企业在一定会计期间的经营成果，包括收入减去费用后的净额、直接计入当期利润的利得（与企业日常生产经营活动无关的经济利益流入）和损失（与企业日常生产经营活动无关的经济利益流出）。

第二节　会计平衡公式

一、会计要素的相互关系

我们知道，要想开办企业，首先需要筹集到一定数额的资金（可以通过借款的形式，

也可通过吸收投资的形式），根据经营需要购置厂房、设备、原材料等，然后才能进行生产经营活动。可见，企业的资产一方面表现为具体的物质实体，另一方面表现为相应的要求权，即这些资产是如何取得的、归谁所有。这种要求权又称为权益。

由此可见，资产与权益是同一资金的两个方面。资产表明资金的运用情况，权益表明资金的来源情况。资产与权益之间存在着相互依存关系，没有无资产的权益，也没有无权益的资产。在数量上，资产总额与权益总额相等，即"资产=权益"。

例如，张扬自筹资金 20 万元，开办了一个企业。该企业全部资产为 20 万元，张扬对该企业拥有了 20 万元的所有权。用公式表述为

20 万元（资产）=20 万元（所有者权益）

企业的资产来源于企业的债权人和投资者，因而权益由债权人权益和所有者权益两部分组成。债权人权益在会计上称为负债，因此上述公式可以表述为"资产=负债+所有者权益"，如图 2-6 所示。

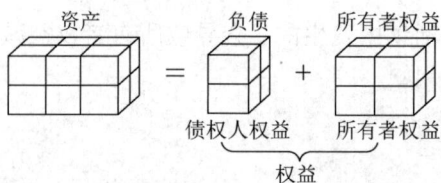

图 2-6　资产

> **小 贴 士**
>
> 债权人和投资者的区别：债权人对企业享有的是债权人权益，投资者对企业享有的是所有者权益。投资者对企业进行投资成为公司股东，投入的钱不能收回，没有定期收益，可以在公司经营期间享受公司分红。债权人投入的钱可以连本带息的收回，有定期的收益。但是无论公司盈利还是亏损，没有权利享受公司分红。账款一经收回就和公司没有关系了。

假如，由于资金不足，张扬又向王昆借了 10 万元，购买了一批材料，此时，公式表述为

30 万元（资产）=10 万元（负债）+20 万元（所有者权益）

企业为了扩大经营规模，吸收刘才投资 10 万元，此时公式表述为

40 万元（资产）=10 万元（负债）+30 万元（所有者权益）

资产、负债和所有者权益的平衡关系，反映了企业某一天的财务状况。

随着生产经营活动的进行，一方面要发生各种费用，另一方面又要取得各种收入，收入减去费用就是利润（或亏损），用公式表述为

收入-费用=利润（或亏损）

例如，企业生产完工一批产品，整批销售出去，收回货款 10 万元，产品生产成本 7 万元，运费 0.5 万元，用公式表述为

10 万元（收入）-7 万元（生产成本）-0.5 万元（销售费用）=2.5 万元（利润）

收入、费用和利润之间的平衡关系，反映了一定期间内企业生产经营活动所取得的经营成果。

二、会计平衡公式

"资产=负债+所有者权益"这个平衡公式就是会计平衡公式，也称为会计恒等式、会计基本等式或会计方程式，是会计要素在总额上必然相等的一种关系式。

企业日常业务多种多样，但无论发生什么样的业务都不会破坏会计基本等式的平衡关系。下面举例说明。

某企业 2015 年 1 月 1 日的财务状况如下式所示：

资产（180 万元）=负债（50 万元）+所有者权益（130 万元）

假定该企业 2015 年 1 月发生以下经济业务：

1）1 月 5 日，企业接受某单位投入原材料一批，价值 10 万元。

这笔业务一方面使得资产（存货）增加 10 万元，另一方面使得所有者权益增加 10 万元。

会计平衡公式变为

资产（190 万元）=负债（50 万元）+所有者权益（140 万元）

2）1 月 10 日，企业以银行存款 10 万元偿还长期借款。这笔业务一方面使得资产（银行存款）减少 10 万元，另一方面使得负债减少 10 万元。

会计平衡公式变为

资产（180 万元）=负债（40 万元）+所有者权益（140 万元）

3）1 月 14 日，企业以银行存款购入设备一台，价值 20 万元。这笔业务一方面使得资产（固定资产）增加 10 万元，另一方面使得资产（银行存款）减少 10 万元。

会计平衡公式仍为

资产（180 万元）=负债（40 万元）+所有者权益（140 万元）

4）1 月 20 日，企业向银行借款 20 万元，为期 3 个月，偿还到期的长期借款。这笔业务一方面使得负债（短期借款）增加 20 万元，另一方面使得负债（长期借款）减少 20 万元。

会计平衡公式仍为

资产（180 万元）=负债（40 万元）+所有者权益（140 万元）

以上 4 项经济业务具有典型性，任何企业发生的任何经济业务所引起的资产与权益的变化关系无非是这样 4 种类型：①资产与权益同时增加；②资产与权益同时减少；③资产之间有增有减；④权益之间有增有减。

经济业务的发生不会破坏资产、负债及所有者权益的平衡关系，这一平衡关系是复式记账、账户试算平衡和编制资产负债表的理论依据。

课后练习

一、单项选择题

1. 下列不属于负债的是（　　）。
   A. 短期借款　　　　B. 长期借款　　　　C. 应付债券　　　　D. 长期待摊费用

2. 下列各项，属于企业资产的是（　　）。
   A. 委托加工物资　　　　　　　B. 即将购入的原材料
   C. 受托加工物资　　　　　　　D. 经营性租入固定资产

3. 以银行存款 15 万元偿还企业前欠货款。这项经济业务所引起的会计要素变动情况属于（　　）。
   A. 一项资产与一项负债同时增加　　B. 一项资产增加，另一项资产减少
   C. 一项资产与一项负债同时减少　　D. 一项负债增加，另一项负债减少

4. 下列经济业务中，会引起资产和所有者权益同时增加的是（　　）。
   A. 收到银行借款并存入银行
   B. 收到投资者投入的作为出资的原材料
   C. 以转账支票归还长期借款
   D. 提取盈余公积

5. 一个企业的所有者权益总额与（　　）总是相等。
   A. 资产总额　　　B. 负债总额　　　C. 净资产总额　　　D. 权益总额

6. 某公司购入机器一台，价值 90 000 元，机器已经投入使用，货款尚未支付。这项业务的发生，意味着（　　）。
   A. 资产增加 90 000 元，负债减少 90 000 元
   B. 资产增加 90 000 元，负债增加 90 000 元
   C. 资产减少 90 000 元，负债减少 90 000 元
   D. 资产减少 90 000 元，负债增加 90 000 元

7. 下列属于静态会计平衡公式的是（　　）。
   A. 资产=负债+所有者权益
   B. 收入-费用=利润
   C. 资产=负债+所有者权益+利润
   D. 资产=负债+所有者者权益+（收入-费用）

8．下列经济业务会导致资产和负债同时增加的是（　　　）。

A．以银行存款偿还欠款　　　　　B．结算职工工资

C．从银行取得借款　　　　　　　D．生产车间领用材料

二、多项选择题

1．下列关于会计平衡公式的表述中，正确的有（　　　）。

A．"资产=负债+所有者权益"是最基本的会计平衡公式，表明了会计主体在某一特定时期所拥有的各种资产与债权人、所有者之间的动态关系

B．"收入-费用=利润"这一等式动态地反映经营成果与相应期间的收入和费用之间的关系，是企业编制利润表的基础

C．"资产=负债+所有者权益"这一会计平衡公式说明了企业经营成果对资产和所有者权益所产生的影响，体现了会计六要素之间的内在联系

D．企业各项经济业务的发生并不会破坏会计平衡公式的平衡关系

2．下列属于会计平衡公式的有（　　　）。

A．本期借方发生额合计=本期贷方发生额合计

B．本期借方余额合计=本期贷方余额合计

C．资产=负债+所有者权益

D．收入-费用=利润

3．下列说法正确的有（　　　）。

A．所有者权益是指股东投入的资金

B．所有者权益的金额等于资产减去负债的余额

C．所有者权益也称为净资产

D．所有者权益包括实收资本、资本公积、盈余公积和留存收益

4．下列选项中，正确的经济业务类型有（　　　）。

A．一项资产增加，另一项资产等额减少

B．一项资产增加，另一项所有者权益等额减少

C．一项负债减少，另一项所有者权益等额增加

D．一项所有者权益减少，另一项所有者权益等额增加

5．下列会计要素中，称为动态会计要素的有（　　　）。

A．资产　　　　　B．负债　　　　　C．收入　　　　　D．费用

第三章 账户与复式记账

◎ **知识目标**

1. 了解会计科目的概念，掌握会计科目的分类和设置。
2. 理解并掌握账户的概念、分类和结构。
3. 理解复式记账的基本原理。
4. 掌握借贷记账法。
5. 了解账户的平行登记方法。

◎ **能力目标**

1. 能熟练应用会计科目设置账户。
2. 能熟练应用借贷记账法记账。

第一节 会计科目与账户

一、会计科目

1. 会计科目的概念

会计科目是对会计要素的具体内容进行分类核算的项目。通常，在实际工作中，会计科目也可简称为科目。

如第二章所述，会计要素是对会计对象的基本分类，资产、负债、所有者权益、收入、费用、利润这 6 个要素是会计核算和监督的内容。为了满足经济管理及其有关各方对会计信息的需求，必须对会计要素进行细化，即对每一会计要素的具体内容做进一步科学分类，并对这种分类赋予一个既简单又通俗易懂的名称，这就是设置会计科目。例如，保存在出纳保险柜里的钱就叫"库存现金"，而存在银行里的钱就叫"银行存款"，等等。

2. 设置会计科目的原则

各单位由于经济业务活动的具体内容、规模大小与业务繁简程度等情况不尽相同，

在具体设置会计科目时，应考虑其自身特点和具体情况，但设置会计科目时都应遵循以下原则。

1）合法性原则。该原则是指所设置的会计科目应当符合国家统一的会计制度的规定。国家财政部门对企业所使用的会计科目都做出了较为具体的规定，企业应当按照《企业会计准则》规定的会计科目，设置本企业适用的会计科目。在不影响会计核算质量和对外提供统一的会计报告的前提下，企业也可根据自身特点增补或合并会计科目，做到统一性与灵活性相结合。

2）相关性原则。该原则是指所设置的会计科目应当为提供有关各方所需要的会计信息服务，满足对外报告与对内管理的要求。

3）实用性原则。该原则是指所设置的会计科目应符合单位自身特点，满足单位实际需要。企业的组织形式、所处行业、经营内容及业务种类等不同，在会计科目的设置上也应有所区别。

3. 会计科目的分类

为了正确使用会计科目，应按一定的标准对会计科目进行分类。会计科目的分类方法通常有以下两种。

（1）按反映的经济内容分类

会计科目按其反映的经济内容不同，可分为六大类，即资产类科目、负债类科目、共同类科目（本书暂不介绍）、所有者权益类科目、成本类科目和损益类科目。

企业常用的会计科目如表 3-1 所示。

表3-1　会计科目表（简）

编号	会计科目名称	编号	会计科目名称
	一、资产类	1602	累计折旧
1001	库存现金	1701	无形资产
1002	银行存款	1901	待处理财产损溢
1121	应收票据		二、负债类
1122	应收账款	2001	短期借款
1123	预付账款	2201	应付票据
1131	应收股利	2202	应付账款
1231	其他应收款	2203	预收账款
1241	坏账准备	2211	应付职工薪酬
1401	材料采购	2221	应交税费
1402	在途物资	2231	应付利息
1403	原材料	2232	应付股利
1406	库存商品	2241	其他应付款
1601	固定资产	2601	长期借款

续表

编号	会计科目名称	编号	会计科目名称
2602	应付债券	6001	主营业务收入
	三、共同类（略）	6051	其他业务收入
	四、所有者权益类	6111	投资收益
4001	实收资本	6301	营业外收入
4002	资本公积	6401	主营业务成本
4101	盈余公积	6402	其他业务成本
4103	本年利润	6403	营业税金及附加
4104	利润分配	6601	销售费用
	五、成本类	6602	管理费用
5001	生产成本	6603	财务费用
5101	制造费用	6711	营业外支出
	六、损益类	6801	所得税费用

（2）按提供信息的详细程度分类

会计科目按其提供信息的详细程度，可以分为总分类科目和明细分类科目。

1）总分类科目，又称为总账科目或一级科目，是对会计要素的具体内容进行总括分类，提供总括信息的会计科目，如"原材料""固定资产""短期借款""应收账款"等。

- - 小 贴 士 - - - - - - - -

根据我国现行会计制度规定，总分类科目一般由财政部或企业主管部门统一制定。

总分类科目不能具体详细地说明有关核算内容。因此，企业应根据核算与管理的要求，对某些总分类科目要相应设置一些明细分类科目，以便较详细地核算会计对象的具体内容。

2）明细分类科目，又称为明细科目或细目，是对总分类科目做进一步分类，提供更为详细和具体会计信息的科目。如果某一总分类科目所属的明细分类科目较多，可在总分类科目下设置二级明细科目（也称子目），在二级明细科目下设置三级明细科目。例如，"应收账款"科目按债务人名称或姓名设置明细科目，反映应收账款的具体对象；"原材料"科目按其类别、品种和规格设置明细科目。

- - 小 贴 士 - - - - - - - -

根据我国现行会计制度规定，明细分类科目除会计制度规定设置的以外，各单位可根据实际需要自行设置。

会计科目按提供指标详细程度的分类举例如表3-2所示。

表 3-2　会计科目分类举例

总分类科目（一级科目）	二级科目（子目）	明细科目（细目）
固定资产	房屋及建筑物	厂房
		仓库
	机械设备	车床
		铣床
		刨床
原材料	主要材料	甲材料
		乙材料
	辅助材料	润滑油
		油漆
库存商品	服装	男装
		女装
	电器	冰箱
		电视
		洗衣机
	食品	饮料
		干果
		糖

二、账户

1. 设置账户

在会计核算过程中，当经济业务发生时，只能通过会计科目描述其涉及的内容，而不能将其涉及的内容记录下来，因为会计科目只是规定了会计对象具体内容的类别名称。为了全面、序时、连续、系统地记录由于经济业务的发生而引起的会计要素的增减变动，还必须根据规定的会计科目开设账户。

账户是根据会计科目开设的，具有一定格式和结构，是用于分类反映会计要素增减变动情况及其结果的一种载体。账户由账户的名称（即会计科目）和账户的结构两部分组成。

在日常实践中，人们往往对会计科目和账户不加以严格区分，通常把会计科目误用为账户的同义语，如将"登记××账户"说成"登记××科目"。实际上会计科目和账户在会计学中是两个不同的概念，两者之间既有联系又有区别。会计科目与账户都是对会计对象具体内容的分类，两者核算内容一致，性质相同。会计科目是账户的名称，也是设置账户的依据；账户是会计科目的具体运用，具有一定的结构和格式，并通过其结

构反映某项经济内容的增减变动及其余额。

2. 账户的基本结构

在账户中如何正确地记录各项经济业务的发生呢？为了反映特定的经济内容，以便取得必要的会计信息，必须为账户确定相应的格式，我们把这种格式称为账户的结构。

账户的基本结构是由会计要素的数量变化情况决定的。会计要素的数量变化是由经济业务引起的，而经济业务的发生所导致的各项会计要素的变化从数量上看只有两种情况：增加或减少。因此，账户的基本结构也可分为两个基本部分，即左右两方，一方登记增加数，一方登记减少数，账户的这种结构也可以用"T"形账户（也称"丁"字形账户）这种简化形式来表示，如图3-1所示。

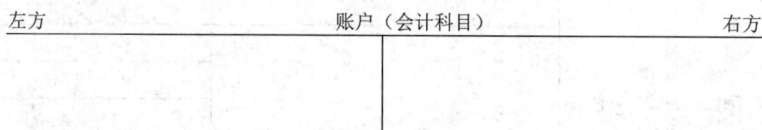

左方	账户（会计科目）	右方

图3-1 "T"形账户的结构

至于账户哪一方登记数额的增加，哪一方登记数额的减少，取决于所记录经济业务和账户的性质。其中，账户中登记本期增加的金额称为账户的"本期增加发生额"，登记本期减少的金额称为账户的"本期减少发生额"。同时，增减相抵后的差额称为账户的余额，它在账户中反映由于增加或者减少而引起的会计要素增减变动的结果。

企业的经营活动持续不断地进行，并且以此为假定前提，因而本期的期末余额必然是下期的期初余额；上期的期末余额必然是本期的期初余额。也就是说，余额按照表示的时间不同，可分为期初余额和期末余额。

小 贴 士

余额和发生额之间的关系：

期末余额=期初余额+本期增加发生额-本期减少发生额

上述"T"形账户只是账户的简单格式。使用这种格式可以很方便地将会计要素所发生的增减变动情况记录下来，并对其进行汇总。在实际工作中，为了详细记录经济业务并保证会计信息的真实、完整，账户必须使用正规格式。账户正规格式的项目具体包括账户名称（会计科目）、记录经济业务的日期、凭证的编号、经济业务摘要、增减金额、余额等，具体如图3-2所示。

×××账户

	年	凭证编号	摘要	借方	贷方	借或贷	余额
月	日						

图 3-2 账户正规格式

第二节 单式记账法、复式记账法与借贷记账法

一、单式记账法与复式记账法

经济业务的发生会引起某些会计要素项目发生增减变动，这种数量上的变动应当在账户中加以记录。怎样记呢？这就是记账方法问题。

记账方法是根据一定的原理、记账符号，采用一定的计量单位，利用文字和数字将经济业务发生所引起的各会计要素的增减变动在有关账户中进行记录的方法。记账方法按记账方式的不同，分为单式记账法和复式记账法。

1. 单式记账法

单式记账法是指对发生的每一项经济业务，只在一个账户中加以登记的记账方法。运用单式记账法记账时，重点考虑的是库存现金、银行存款及债权、债务方面发生的交易或事项，而其他财产物资的记账规则相对不被重视。例如，用银行存款购买材料，只在银行存款账户中登记因购买材料而支付的金额，至于材料的增加则不予以单独记录。这种方法相当于人们日常生活中的流水账。

单式记账法手续较为简单，但账户的设置不完整，无法反映发生经济业务涉及的账户之间的关系，缺乏平衡关系，不能全面、系统地反映经济业务的来龙去脉，也不便于检查账户记录的正确性，不能适应复杂的商品生产和交换的需要，于是在 15 世纪末 16 世纪初，逐渐被复式记账法所取代。

2. 复式记账法

复式记账法是指对于每一笔经济业务，都必须用相等的金额在两个或两个以上相互联系的账户中进行登记，从而全面系统地反映会计要素增减变化的一种记账方法。仍以单式记账法中"银行存款购买原材料"为例，用复式记账法不仅要反映"银行存款"账

户的减少，同时还要以相等的金额反映"原材料"账户的增加。

与单式记账法相比，复式记账法有两个优点：一是能够全面反映经济业务和资金运动的来龙去脉；二是能够进行试算平衡，便于查账和对账。

按照记账符号、记账规则、试算平衡的不同，复式记账法可分为借贷记账法、增减记账法和收付记账法，本书重点介绍借贷记账法。

小 贴 士

我国《企业会计准则》明确规定，企业会计核算必须采用借贷记账法。

二、借贷记账法

1. 借贷记账法的概念

借贷记账法是以"借"和"贷"作为记账符号的一种复式记账法，即将已发生的经济交易与事项所引起会计要素的增减变动以相等的金额，同时在两个或两个以上相互关联的账户中进行的记录。

知识链接

借贷记账法起源于 14 世纪的意大利，在当时的金融业中，借贷资本家按债权和债务关系开设户头。当货币商取得货币时，记在按债权人姓名开设的账户"贷主"名下，称为"贷"，表示"欠人事项"；当货币商出借货币时，记在按债务人姓名开设的账户"借主"名下，称为"借"，表示"人欠事项"。但"借"和"贷"的本来含义并没有流行多久。随着社会经济的不断发展，借贷记账法不仅应用于金融业，还逐渐应用于工商业以及行政事业等各个单位。此时，"借"和"贷"两字的本来含义已越来越不能适应商品经济发展的需要，所以它逐渐脱离了原有的含义，变成了纯粹的记账符号。

2. 借贷记账法的特点

（1）以"借"和"贷"作为记账符号

借贷记账法的"借"和"贷"仅仅代表记账符号，其本身不具有任何内在的含义。在借贷记账法下，"借"和"贷"的含义不固定，既不是"借"表示增加、"贷"表示减少，也不是相反。"借"和"贷"的具体含义取决于账户所反映的经济内容，一般以"借"表示资产和成本、费用的增加，负债、所有者权益和收入、利润的减少；以"贷"表示负债、所有者权益和收入、利润的增加，资产和成本、费用的减少。

（2）以"有借必有贷，借贷必相等"作为记账规则

采用借贷记账法，对于每项经济业务，都要在记入一个账户借方的同时记入另一个

（或几个）账户的贷方，或者在记入一个账户贷方的同时记入另一个（或几个）账户的借方，而且记入借方的金额必须等于记入贷方的金额。也就是说，任何一笔经济业务所引起的一个（或几个）账户借方金额的变化应该等于另一个（或几个）账户贷方金额的变化，任何时候都不得例外。

（3）对账户不要求固定分类

在借贷记账法下，按"资产=权益"的平衡关系，可固定划分为资产类账户和权益类账户，还可以设置既反映资产又反映权益的双重性质的账户。例如，可将反映债权的"应收账款"账户与反映债务的"应付账款"账户合并，设置"购销往来"账户。发生的应收账款业务，在"购销往来"账户的借方反映；发生的应付账款业务，在"购销往来"账户的贷方反映。期末结账，该账户如为借方余额，则属于资产类账户；若为贷方余额，则属于负债类账户。双重性质的账户，应根据它们的期末余额的方向来确定其性质。

（4）以"借方金额等于贷方金额"作为试算平衡公式

借贷记账法对每项经济业务都以相等的金额在相互对应账户的借方和贷方进行登记，这就保证了每一项经济业务借、贷双方的平衡。因此，在一个会计期间内发生的经济业务全部登记入账后，所有账户的本期借方发生额合计数与所有账户的本期贷方发生额合计数必然相等，所有账户的借方期末余额合计数与所有账户的贷方期末余额合计数必然相等。可用等式表示为

全部账户本期借方发生额合计=全部账户本期贷方发生额合计

全部账户期末借方余额合计=全部账户期末贷方余额合计

3．借贷记账法的账户结构

在借贷记账法下账户的基本结构：左方为借方，右方为贷方。记账时，账户的借、贷两方必须做相反方向的记录，即对于每一个账户来说，如果借方用来登记增加额，则贷方就用来登记减少额；反之，如果借方用来登记减少额，则贷方就用来登记增加额。在一个会计期间内，借方登记的合计数称为借方发生额；贷方登记的合计数称为贷方发生额。两方发生额相抵后的差额称为"期末余额"。如果借、贷两方相抵后的差额在借方，则称为借方余额；如果借、贷两方相抵后的差额在贷方，则称为贷方余额。但究竟哪一方登记增加数，哪一方登记减少数，则要根据账户反映的经济内容，也就是账户的性质来决定。下面我们来分析6类不同账户的结构特点与登记规则。

（1）资产类账户结构

在借贷记账法下，资产类账户的期初余额登记在借方，本期增加额记在借方，本期减少额记在贷方，期末余额一般在借方，表示期末资产的结存数。其计算公式为

期末借方余额=期初借方余额+本期借方发生额-本期贷方发生额

资产类账户的内容和登记方法如下：

借方	资产类账户	贷方
期初借方余额		
本期增加额	本期减少额	
本期借方发生额	本期贷方发生额	
期末借方余额		

（2）负债类账户结构

在借贷记账法下，负债类账户的期初余额登记在贷方，本期增加额记在贷方，本期减少额记在借方，期末余额一般在贷方，表示期末负债的结存数。其计算公式为

期末贷方余额=期初贷方余额+本期贷方发生额-本期借方发生额

负债类账户的内容和登记方法如下：

借方	负债类账户	贷方
	期初贷方余额	
本期减少额	本期增加额	
本期借方发生额	本期贷方发生额	
	期末贷方余额	

（3）所有者权益类账户结构

在借贷记账法下，所有者权益类账户的期初余额登记在贷方，本期增加额记在贷方，本期减少额记在借方，期末余额一般在贷方，表示期末所有者权益的结存数。其计算公式为

期末贷方余额=期初贷方余额+本期贷方发生额-本期借方发生额

所有者权益类账户的内容和登记方法如下：

借方	所有者权益类账户	贷方
	期初贷方余额	
本期减少额	本期增加额	
本期借方发生额	本期贷方发生额	
	期末贷方余额	

（4）成本类账户结构

在借贷记账法下，成本类账户的期初余额登记在借方，本期增加额记在借方，本期减少额记在贷方，期末余额一般在借方，表示尚未完工产品的生产成本。有些账户可能无余额。其计算公式为

期末借方余额=期初借方余额+本期借方发生额-本期贷方发生额

成本类账户的内容和登记方法如下：

借方	成本类账户	贷方
期初借方余额		
本期增加额	本期减少额	
本期借方发生额	本期贷方发生额	
期末借方余额		

（2）损益类账户结构

损益类账户主要包括收入类账户和费用类账户。

1）收入类账户。收入的增加一般会导致所有者权益的增加，因此收入类账户的结构类似所有者权益类账户，贷方登记收入的增加额，借方登记收入的减少额及期末结转记入"本年利润"账户的数额，期末结转后一般无余额。

收入类账户的内容和登记方法如下：

借方	收入类账户	贷方
本期减少额（或转销额）	本期增加额	
本期借方发生额	本期贷方发生额	

2）费用类账户。费用的增加一般会导致所有者权益的减少，因此费用类账户的结构与所有者权益类账户的结构正好相反，借方登记费用的增加额，贷方登记费用的减少额及期末结转记入"本年利润"账户的数额，期末结转后一般无余额。

费用类账户的内容和登记方法如下：

借方	费用类账户	贷方
本期增加额	本期减少额（或转销额）	
本期借方发生额	本期贷方发生额	

综上所述，可将借贷记账法下各类账户的结构归纳如下：

借方	账户	贷方
资产的增加	资产的减少	
成本的增加	成本的减少	
费用的增加	费用的减少	
负债的减少	负债的增加	
所有者权益的减少	所有者权益的增加	
收入的减少	收入的增加	
本期借方发生额	本期贷方发生额	

从借贷记账法下各类账户的结构可以看出，资产、成本和费用类账户的增加用"借"表示，减少用"贷"表示；负债、所有者权益和收入类账户的增加用"贷"表示，减少用"借"表示。备抵账户的结构与所调整账户的结构正好相反。

4. 借贷记账法的运用

（1）确定会计分录

会计分录就是按照借贷记账法的规则，确定某项经济业务应借、应贷账户的名称及其金额的一种记录，它是构成记账凭证的基本内容。关于记账凭证的内容将在第四章介绍。

运用借贷记账法编制会计分录，可按下列步骤进行，即"三看"：

1）要看经济业务涉及哪些账户，即看账户名称。

2）要看经济业务涉及的账户是增还是减，即看增减方向。

3）要看经济业务涉及账户的增减金额是多少，即看金额。

小 贴 士

编制会计分录时，习惯上先借后贷、上借下贷、左借右贷，除在固定格式的记账凭证上编制会计分录外，在平时书写会计分录时，借方与贷方应错位，一般"贷"字应对齐借方会计科目的第一个字，金额也要错开表示。

【例3-1】假设长城公司是一家制造企业，2018年5月份发生下列经济业务：

1）1日，公司收到东方公司投入资金500 000元，款项存入银行。

这项经济业务使公司的银行存款增加了500 000元，同时使公司的资本金增加了500 000元，按"有借必有贷，借贷必相等"的记账规则登记对应账户如下：

借方	实收资本	贷方		借方	银行存款	贷方
	500 000			500 000		

编制会计分录如下：

借：银行存款　　　　　　　　　　　　　　　　　　　　　　500 000

　　贷：实收资本　　　　　　　　　　　　　　　　　　　　　　500 000

2）5日，公司从东风工厂购入原材料300千克，单价200元，货款60 000元（暂不考虑增值税），材料已验收入库，款项尚未支付。

这项经济业务使公司的库存材料增加了60 000元，同时使公司应付供应单位的账款增加了60 000元，按记账规则登记对应账户如下：

借方	应付账款	贷方		借方	原材料	贷方
	60 000			60 000		

编制会计分录如下：

借：原材料　　　　　　　　　　　　　　　　　　　　　　　60 000

　　贷：应付账款　　　　　　　　　　　　　　　　　　　　　　60 000

3）10日，以银行存款85 000元购买机器设备一台，已交付使用。

这项经济业务使公司的固定资产增加了85 000元，同时使公司的银行存款减少了85 000元，按记账规则登记对应账户如下：

借方	银行存款	贷方		借方	固定资产	贷方
	85 000			85 000		

编制会计分录如下：

借：固定资产   85 000
　　贷：银行存款   85 000

4）16日，以银行存款 60 000 元偿还前欠东风工厂货款。

这项经济业务使公司的银行存款减少了 60 000 元，同时也使公司的应付账款减少了 60 000 元，按记账规则登记对应账户如下：

借方	银行存款	贷方		借方	应付账款	贷方
	60 000		←→	60 000		

编制会计分录如下：

借：应付账款   60 000
　　贷：银行存款   60 000

5）20日，经董事会研究决定，并报工商行政管理部门备案，将盈余公积金 200 000 元转增资本。

这项经济业务使公司的实收资本增加了 200 000 元，同时使公司的盈余公积减少了 200 000 元，按记账规则登记对应账户如下：

借方	实收资本	贷方		借方	盈余公积	贷方
	200 000		←→	200 000		

编制会计分录如下：

借：盈余公积   200 000
　　贷：实收资本   200 000

> **知识链接**
>
> 账户的对应关系是指采用借贷记账法对每笔交易或事项进行记录时，相关账户之间形成的应借、应贷的相互关系。存在对应关系的账户称为对应账户。例如，企业从银行提取现金 20 000 元，由于现金增加，按借贷记账法应记入"库存现金"账户借方，银行存款减少，按借贷记账法应记入"银行存款"账户贷方。在该项经济业务中，"库存现金"和"银行存款"科目形成应借、应贷的关系，即科目的对应关系。而"库存现金"和"银行存款"这两个账户就是对应账户。

按照会计分录反映经济业务的繁简程度，会计分录分为简单会计分录和复合会计分录两种。简单会计分录是指只涉及一个账户借方和另一个账户贷方的会计分录，即一借一贷的会计分录。例 3-1 中 5 笔会计分录都属于简单会计分录。复合会计分录是指由两个或两个以上对应账户组成的会计分录，即一借多贷、一贷多借的会计分录。一般情况下不允许编制多借多贷的会计分录，因为不便于体现账户之间的对应关系，但在特殊情况下，如一项复杂的经济业务要以多借多贷的会计分录才能反映得更完整、清楚，还是

可以使用的。下面举例说明复合会计分录的编制方法。

【例3-2】承例3-1，5月26日，长城公司购入材料96 000元，材料已验收入库，以银行存款支付货款80 000元，其余16 000元暂欠［在例3-3"T"形账户中记作6)］。

这项经济业务一方面使公司的原材料增加了96 000元，另一方面使公司的银行存款减少了80 000元，应付账款增加了16 000元，按记账规则登记对应账户如下：

借方	银行存款	贷方			借方	原材料	贷方
	80 000		←→		96 000		

借方	应付账款	贷方
		16 000

编制会计分录如下：

借：原材料　　　　　　　　　　　　　　　　　　　　96 000
　　贷：银行存款　　　　　　　　　　　　　　　　　　　80 000
　　　　应付账款　　　　　　　　　　　　　　　　　　　16 000

（2）登记账户

将每一项经济业务编制成会计分录，仅仅是确定了该项经济业务发生以后应记入的账户、账户的方向及金额。会计分录只是分散地反映了经济业务对各账户的影响，还不能够连续、系统地反映一定会计期间内全部经济业务对各账户的综合影响。为了实现这一目的，还需要将会计分录的数据登记到各有关账户中。这个记账过程通常称为过账。过账以后，一般要在月末进行结账，即结算出各账户的本期发生额合计和期末余额。下面举例说明账户的登记方法。

【例3-3】假设长城公司期初总分类账各账户余额如表3-3所示。

表3-3　长城公司期初总分类账各账户余额

资产类账户	金额/元	负债及所有者权益账户	金额/元
银行存款	450 000	短期借款	100 000
原材料	230 000	应付账款	65 000
固定资产	1 586 800	实收资本	1 866 800
		盈余公积	235 000
合计	2 266 800	合计	2 266 800

将该公司发生的经济业务的会计分录记入账户如下：

借方	银行存款		贷方		借方	原材料		贷方
期初余额	450 000				期初余额	230 000		
1)	500 000	3)	85 000		2)	60 000		
		4)	60 000		6)	96 000		
		6)	80 000					
本期发生额	500 000	本期发生额	225 000		本期发生额	156 000	本期发生额	
期末余额	725 000				期末余额	386 000		

借方	固定资产	贷方		借方	应付账款		贷方
期初余额	1 586 800					期初余额	65 000
3)	85 000			4)	60 000	2)	60 000
						6)	16 000
本期发生额	85 000	本期发生额		本期发生额	60 000	本期发生额	76 000
期末余额	1 671 800					期末余额	81 000

借方	实收资本	贷方		借方	盈余公积		贷方
		期初余额	1 866 800			期初余额	235 000
		1)	500 000	5)	200 000		
		5)	200 000				
本期发生额		本期发生额	700 000	本期发生额	200 000	本期发生额	
		期末余额	2 566 800			期末余额	35 000

（3）试算平衡

为了保证或检查一定时期内所发生的经济业务在账户中登记的正确性和完整性，需要在一定时期终了时，对账户记录进行试算平衡。试算平衡是指根据借贷记账法的记账规则和资产与权益的恒等关系，通过对所有账户的发生额和余额的汇总计算和比较，来检查记录是否正确的一种方法，具体可分为发生额试算平衡和余额试算平衡两种。

1）发生额试算平衡。它是指全部账户本期借方发生额合计与全部账户本期贷方发生额合计保持平衡，平衡公式为

全部账户本期借方发生额合计=全部账户本期贷方发生额合计

2）余额试算平衡。它是指全部账户借方期末（初）余额合计与全部账户贷方期末（初）余额合计保持平衡，平衡公式为

全部账户期初借方余额合计=全部账户期初贷方余额合计

全部账户期末借方余额合计=全部账户期末贷方余额合计

试算平衡通常是通过编制试算平衡表进行的。现根据例3-3，编制试算平衡表如表3-4所示。

表3-4　试算平衡表

账户名称	期初余额/元		本期发生额/元		期末余额/元	
	借方	贷方	借方	贷方	借方	贷方
银行存款	450 000		500 000	225 000	725 000	
原材料	230 000		156 000		386 000	
固定资产	1 586 800		85 000		1 671 800	
短期借款		100 000				100 000
应付账款		65 000	60 000	76 000		81 000
实收资本		1 866 800		700 000		2 566 800
盈余公积		235 000	200 000			35 000
合计	2 266 800	2 266 800	1 001 000	1 001 000	2 782 800	2 782 800

因为试算的目的不同，编表的格式也可以有区别。如果只检查本期经济业务登记是否有误，可只编制本期发生额试算平衡表；如果只检查记账结果是否有误，可只编制期末余额试算平衡表。

小 贴 士

试算平衡能够检查出账户记录的错误，但不能发现记账过程中的所有错误，如用错账户、记错方向、错记金额，并不一定影响借贷平衡。

第三节　总分类账户与明细分类账户的平行登记

为了满足经济管理对会计资料的不同要求，会计上同时设置总分类账户和明细分类账户。

总分类账户是按照总账科目开设，提供资产、权益、收入和费用的总括资料；明细分类账户是按照明细科目开设，提供资产、权益、收入和费用的详细资料。

总分类账户与明细分类账户之间的关系：总分类账户对其所属的明细分类账户起着控制、统驭的作用；明细分类账户对其所属的总分类账户起着补充、说明的作用。两者相辅相成，登记的原始依据相同，核算内容也相同，只是反映经济业务的详细程度不同，这就决定了在会计核算中必须按照平行登记的方法，既要登记总分类账户，又要登记明细分类账户。

总分类账户与明细分类账户平行登记的要点可以概括归纳为以下 4 个方面。

1）依据相同。对发生的经济业务，都要以相关的会计凭证为依据，既登记有关总分类账户，又登记其所属明细分类账户。

2）方向相同。将经济业务记入总分类账户与明细分类账户时，记账方向必须相同。总分类账户记入借方，明细分类账户也记入借方；总分类账户记入贷方，明细分类账户也记入贷方。

3）期间相同。对每项经济业务在记入总分类账户和明细分类账户的过程中，可以有先有后，但必须在同一会计期间（如同一个月、同一个季度、同一年度）全部登记入账。

4）金额相等。记入总分类账户的金额应与记入其所属明细分类账户的金额合计相等。

通过平行登记，总分类账与明细分类账之间在登记金额上就形成了如下关系：

总分类账户借方（贷方）发生额=所属各明细分类账户借方（贷方）发生额之和

总分类账户借方（贷方）余额=所属各明细分类账户借方（贷方）余额之和

以上这种金额上的关系也称为总分类账与明细分类账的勾稽关系，这一勾稽关系也是总分类账与明细分类账相互核对的理论依据。

【例 3-4】长城公司 2018 年 5 月初"原材料"账户期初余额如表 3-5 所示。

表 3-5　"原材料"账户期初余额

金额单位：元

账户名称		数量	计量单位	单价	金额	
总账	明细账				总账	明细账
原材料					180 000	
	甲材料	3 000	千克	40		120 000
	乙材料	2 000	千克	30		60 000

5 月份发生的部分经济业务如下：

5 月 6 日，向某工厂购入甲材料 5 000 千克，每千克 40 元，价款 200 000 元；购入乙材料 6 000 千克，每千克 30 元，价款 180 000 元（暂不考虑增值税）。材料验收入库，货款尚未支付。编制会计分录如下：

借：原材料——甲材料　　　　　　　　　　　　　　　200 000
　　　　　——乙材料　　　　　　　　　　　　　　　180 000
　　贷：应付账款——某工厂　　　　　　　　　　　　　　380 000

5 月 15 日，向某工厂购入甲材料 6 000 千克，每千克 40 元，价款 240 000 元；购入乙材料 4 000 千克，每千克 30 元，价款 120 000 元（暂不考虑增值税）。材料验收入库，货款以银行存款支付。编制会计分录如下：

借：原材料——甲材料　　　　　　　　　　　　　　　240 000
　　　　　——乙材料　　　　　　　　　　　　　　　120 000
　　贷：银行存款　　　　　　　　　　　　　　　　　　360 000

5 月 18 日，生产过程中领用甲材料 12 000 千克，单价 40 元，共计 480 000 元；领用乙材料 9 000 千克，单价 30 元，共计 270 000 元。编制会计分录如下：

借：生产成本　　　　　　　　　　　　　　　　　　　750 000
　　贷：原材料——甲材料　　　　　　　　　　　　　　480 000
　　　　　　——乙材料　　　　　　　　　　　　　　270 000

对上述经济业务进行平行登记：

1）在"原材料"总分类账户中，先登记期初余额 180 000 元，同时在"甲材料""乙材料"明细分类账户中，分别按数量、单价、金额登记期初余额。

2）将本月收入的材料逐笔记入总分类账户的借方，同时将收入的各种材料分别按"数量""单价""金额"记入有关明细分类账户的借方。

3）将本月发出材料的合计数 750 000 元记入"原材料"总分类账户的贷方，同时将发出的各种材料分别按"数量""单价""金额"记入有关明细分类账户的贷方。

4）月末，对"原材料"总分类账户及其所属明细分类账户进行结账，结出本期发生额和月末余额，并进行相互核对。

"原材料"总分类账户及其所属明细分类账户平行登记的结果如表3-6～表3-8所示。

表3-6　总分类账

账户名称：原材料

2018年		凭证号数	摘要	借方	贷方	借或贷	余额
月	日						
5	1		期初余额			借	180 000
	6	略	购入	380 000		借	560 000
	15		购入	360 000		借	920 000
	18		领用		750 000	借	170 000
			本期发生额及余额	740 000	750 000	借	170 000

表3-7　明细分类账（1）

账户名称：甲材料　　　　　　　　　　　　　　　　　　　　　　　　　　　　　　计量单位：千克

2018年		凭证号数	摘要	收入			发出			结存		
月	日			数量	单价	金额	数量	单价	金额	数量	单价	金额
5	1		期初余额							3 000	40	120 000
	6	略	购入	5 000	40	200 000				8 000	40	320 000
	15		购入	6 000	40	240 000				14 000	40	560 000
	18		领用				12 000	40	480 000	2 000	40	80 000
			本期发生额及余额	11 000	40	440 000	12 000	40	480 000	2 000	40	80 000

表3-8　明细分类账（2）

账户名称：乙材料　　　　　　　　　　　　　　　　　　　　　　　　　　　　　　计量单位：千克

2018年		凭证号数	摘要	收入			发出			结存		
月	日			数量	单价	金额	数量	单价	金额	数量	单价	金额
5	1		期初余额							2 000	30	60 000
	6	略	购入	6 000	30	180 000				8 000	30	240 000
	15		购入	4 000	30	120 000				12 000	30	360 000
	18		领用				9 000	30	270 000	3 000	30	90 000
			本期发生额及余额	10 000	30	300 000	9 000	30	270 000	3 000	30	90 000

从以上登记结果可以看出，"原材料"总分类账户的期初、期末余额及本期借、贷方发生额与其所属明细分类账户的期初、期末余额之和及本期借、贷方发生额之和都是相等的。利用这种相等的关系，可以核对总分类账和明细分类账的登记是否正确。如有不同，就表明记账出现差错，即应查明予以更正。核对的方法，可将各明细账户的本期发生额及余额相加，与总分类账直接核对，也可以编制本期发生额及余额明细表与总分类账户核对。

课后练习

一、单项选择题

1. 企业会计制度规定，企业会计核算必须采用（　　　）。

　　A．收付记账法　　　B．复式记账法　　　C．借贷记账法　　　D．增减记账法

2. "银行存款"账户期初余额为 80 000 元，本期借方发生额为 36 000 元，本期贷方发生额为 30 000 元，则该账户期末余额为（　　　）。

　　A．借方余额 86 000 元　　　　　　　B．借方余额 74 000 元

　　C．贷方余额 86 000 元　　　　　　　D．贷方余额 74 000 元

3. 借贷记账法下的发生额平衡是由（　　　）决定的。

　　A．"有借必有贷，借贷必相等"的记账规则

　　B．账户的结构

　　C．"资产=权益"的会计等式

　　D．平行登记要点

4. 借贷记账法下，采用发生额试算平衡法时，试算平衡公式是（　　　）。

　　A．全部账户借方发生额合计=全部账户贷方发生额合计

　　B．每个账户借方发生额合计=该账户贷方发生额合计

　　C．全部资产类账户借方发生额合计=全部负债类账户贷方发生额合计

　　D．全部资产类账户借方发生额合计=全部所有者权益账户贷方发生额合计

5. 复式记账法对每笔经济业务都以相等的金额，在（　　　）中进行登记。

　　A．两个账户　　　　　　　　　　　B．一个账户

　　C．所有账户　　　　　　　　　　　D．两个或两个以上相互联系账户

6. 会计科目是对（　　　）的具体内容进行分类核算的项目。

　　A．经济业务　　　B：会计主体　　　C．会计对象　　　D．会计要素

7. 总分类科目和明细分类科目，是按照反映经济信息的（　　　）程度进行的分类。

　　A．内容　　　　　B．用途　　　　　C．结构　　　　　D．详细

8．在借贷记账法下，账户的借方表示（　　）。

    A．费用的增加和收入的减少   B．收入的增加和资产的减少

    C．利润的增加和负债的减少   D．利润的增加和费用的减少

9．简单会计分录是指（　　）的分录。

    A．有借有贷   B．一借一贷   C．一借多贷   D．多借一贷

10．在总分类账户及其所属明细分类账户之间必须采用的登账方法是（　　）。

    A．复式记账   B．平行登记   C．补充登记   D．试算平衡

二、多项选择题

1．对于负债类账户，正确的说法是（　　）。

    A．借方登记增加数，贷方登记减少数

    B．借方登记减少数，贷方登记增加数

    C．期末余额一般在借方

    D．期末余额一般在贷方

2．通过试算平衡不能发现的错误有（　　）。

    A．漏记或重记

    B．记账方向颠倒

    C．错用会计科目

    D．借贷双方中一方多计金额，另一方少计金额

3．复式记账法的优点有（　　）。

    A．能全面反映账户的对应关系   B．有利于检查会计分录的正确性

    C．便于进行试算平衡   D．能清楚地反映资金运动的来龙去脉

4．总分类账户与明细分类账户平行登记的要点包括（　　）。

    A．依据相同   B．方向相同   C．期间相同   D．金额相同

5．借贷记账法的记账规则是（　　）。

    A．有借必有贷   B．借贷必相等

    C．借方登记增加数   D．贷方登记减少数

6．期末结转后应无余额的账户有（"　　"）。

    A．主营业务收入   B．主营业务成本

    C．实收资本   D．利润分配

7．下列属于资产类科目的有（　　）。

    A．预付账款   B．应收账款   C．预收账款   D．应付账款

8．下列属于负债类科目的有（　　）。

    A．预收账款   B．预付账款   C．应付账款   D．应交税费

9．下列属于损益类科目的有（　　　　）。

A．盈余公积　　　B．投资收益　　　C．本年利润　　　D．财务费用

10．会计账户一般应包括的内容有（　　）。

A．账户名称　　　　　　　　　B．日期、摘要

C．凭证编号　　　　　　　　　D．增加、减少金额及余额

三、判断题

1．负债类和所有者权益类账户的期末余额一定在贷方。　　　　　　（　　）

2．借贷记账法账户的基本结构：账户分为左右两方，左方为借方，右方为贷方。

（　　）

3．复合分录可以由几个简单分录复合而成。　　　　　　　　　　　（　　）

4．在借贷记账法下，"借"表示增加，"贷"表示减少。　　　　　　　（　　）

5．企业会计制度规定，企业会计核算必须采用复式记账法。　　　　（　　）

6．根据账户记录编制试算平衡表以后，如果所有账户的借方发生额同所有账户的贷方发生额相等，则说明账簿记录一定是正确的。　　　　　　　　　　　（　　）

7．总分类账户与其所属明细分类账户在总金额上应当相符。　　　　（　　）

8．总分类账户及明细分类账户必须在同一会计期间内登记。　　　　（　　）

9．借贷记账法的记账规则是"有借必有贷，借贷必相等"。　　　　　（　　）

10．会计科目是对会计要素的具体内容进行分类核算的项目。　　　　（　　）

四、业务题

目的：练习借贷记账法的应用及试算平衡表的编制。

资料：宏远公司 2018 年 5 月初有关账户余额如表 3-9 所示。

表 3-9　宏远公司 2018 年 5 月初有关账户余额表

单位：元

资产	金额	负债及所有者权益	金额
库存现金	1 500	短期借款	195 000
银行存款	85 000	应付账款	142 500
原材料	100 000	应交税费	9 000
应收账款	57 700	长期借款	186 000
库存商品	80 000	实收资本	304 200
生产成本	22 500	资本公积	140 000
固定资产	700 000	盈余公积	70 000
合计	1 046 700	合计	1 046 700

该公司 5 月发生下列经济业务：

1）1 日，从银行提取现金 2 000 元。

2）3 日，以银行存款 20 000 元购入原材料一批，入库（暂不考虑增值税）。

3）6 日，收到某投资者投入机器设备一台，价值 50 000 元。

4）7 日，生产车间向仓库领用材料一批价值 60 000 元，投入生产。

5）10 日，以银行存款 22 500 元偿还前欠货款。

6）12 日，向银行取得长期借款 150 000 元，存入银行。

7）15 日，收到力帆公司还来欠款 18 000 元，存入银行。

8）18 日，用银行存款 9 000 元交纳企业所得税。

9）22 日，以现金 500 元购买办公用品一批。

10）用银行存款 40 000 元归还短期借款。

要求：

1）根据以上资料编制会计分录，并记入有关账户。

2）编制发生额及余额试算平衡表。

第四章 会 计 凭 证

◎ **知识目标**

1. 了解会计凭证的意义和种类。
2. 理解原始凭证和记账凭证的相关概念。
3. 掌握原始凭证的填制方法及要求。
4. 熟练掌握记账凭证（专用凭证）的填制方法及填制要求，能够正确地编制相关业务的会计分录。
5. 掌握原始凭证的审核要点和审核结果的处理方法。
6. 掌握记账凭证的审核要点和错误凭证的处理方法。

◎ **能力目标**

1. 能够识别常用的原始凭证并会正确规范地填制原始凭证。
2. 能够根据审核无误的原始凭证编制记账凭证。
3. 能够对原始凭证和记账凭证进行审核。

第一节 会计凭证概述

一、会计凭证的概念

会计凭证是记录经济业务事项发生或完成情况的书面证明，是登记账簿的依据。填制和审核会计凭证是会计核算的初始环节。企事业单位对所发生的每一项经济业务都必须按照规定的程序和要求，由经办人员取得和填制会计凭证，列明经济业务的内容、数量和金额，并在凭证上签名或盖章。为保证会计凭证的真实性，任何会计凭证都要经过有关人员的审核，只有经过审核无误的会计凭证，才能作为登记账簿的依据。

二、会计凭证的意义

填制和审核会计凭证，是会计工作的开始，也是对经济业务进行日常监督的重要环节，其意义有以下 4 个方面：

1）正确、及时地反映各项经济业务的完成情况。

2）为登记账簿提供依据。

3）可以更有效地发挥会计的监督作用。

4）加强经济管理中的责任制。

三、会计凭证的种类

会计凭证按其填制程序和用途可以分为原始凭证和记账凭证两类。

（一）原始凭证

1. 原始凭证的概念

原始凭证是在经济业务发生时取得或填制的，用以证明经济业务的发生或者完成情况，并作为登记账簿的原始依据。原始凭证如图4-1所示。

图 4-1　原始凭证

> **小贴士**
>
> 　　不是所有的单据都是原始凭证，如请购单、经济合同、派工单、银行存款余额调节表等，它们只能作为原始凭证的附件。

2. 原始凭证的种类

（1）按取得的来源不同分类

1）自制原始凭证。自制原始凭证是指由本单位内部经办业务的部门或个人，在完成某项经济业务时自行填制的，仅供本单位内部使用的原始凭证，如入库单、出库单、借款单等。入库单如图4-2所示，出库单如图4-3所示。

入 库 单

送货单位：　　　　　　　　　　　　　　订单号：　　　　　　　　　　　　　　　　年　月　日

零件号	物料名称	规格/型号	单位	数量	单价	金额								备注

仓管员：　　　　　　　　验收人：　　　　　　　　　　　　　　送货员：

图 4-2　入库单

出 库 单　　　　　No：

购货单位名称：　　　　　　　　　　　填单日期：

购货地址			联系人		联系电话			
编码	产品名称	规格型号	单位	计划发货数量	单价/（元/台）	金额	备注

仓管员：　　　　送货人（司机）：　　　营销部门审核：　　　　　财务审核：　　　　　签收：

图 4-3　出库单

　　2）外来原始凭证。它是指在同外单位发生经济往来关系时，从外单位取得的凭证。外来原始凭证都是一次凭证。例如，企业购买材料、商品时从供货单位取得的发货票就是外来原始凭证。增值税专用发票、银行给企业发来的收款通知，以及出差报销的车船票、飞机票、住宿发票也属于此类。增值税专用发票如图 4-4 所示。

　　（2）按填制手续和内容不同分类

　　1）一次凭证。一次凭证是指反映一项经济业务，或者同时反映若干项同类经济业务，其填制手续是一次完成的会计凭证，如收料单。收料单如图 4-5 所示。

　　2）累计凭证。累计凭证是指在一定时期内连续记载若干项同类经济业务的会计凭证，如限额领料单。限额领料单如图 4-6 所示。

＊＊＊＊＊＊＊＊＊＊ ＸＸ增值税专用发票 No ＊＊＊＊＊＊＊

此联不作报销、扣税凭证使用　　　　开票日期：

购货单位	名　　　称：							加密版本：	第三联 记账联 销货方记账凭证
	纳税人识别号：							＊＊＊＊＊＊＊＊＊	
	地　址、电　话：					密码区		＊＊＊＊＊＊＊	
	开户行及账号：								

货物及应税劳务名称	规格型号	单位	数量	单价	金额	税率	税额
合　计							

价税合计（大写）		（小写）

销货单位	名　　　称：		备注	
	纳税人识别号：			
	地　址、电　话：			
	开户行及账号：			

收款人：　　　　　复核：　　　　　开票人：　　　　　销货单位：（章）

图 4-4　增值税专用发票

收 料 单　No.

供料单位：　　　　　　　　　　　　　　　　　　　年　月　日

编号	名　　称	规　格	单位	数量	单价	金　额								备注	第一联：存根	第二联：收据	第三联：记账
						十	万	千	百	十	元	角	分				
合计人民币（大写）						¥:											

部门负责人　　　　　　　　保管员　　　　　　　　收料员

图 4-5　收料单

限额领料单

领料单位：　　　　年　月　日　　　　编号：

用　　途：　　　　单位消耗定数：

计划产量：　　　　材料单价：

材料名称及规格		单位	本月领用限额		本月实领	
					数量	金额
领料日期	请领数	实发数	结余数	领料人	车间负责人	发料人
合计						

生产计划部门负责人：　　　　供应部门负责人：　　　　材料核算员：

图 4-6　限额领料单

3）汇总原始凭证。汇总原始凭证是指在会计核算工作中，为简化记账凭证的编制工作，将一定时期内若干份记录同类经济业务的原始凭证汇总编制一张汇总凭证，用以集中反映某项经济业务总括发生情况的会计凭证，如发料凭证汇总表、收料凭证汇总表、现金收入汇总表等。发料凭证汇总表如图 4-7 所示。

发料凭证汇总表

年　月

用途		材料类别				合计
		原料及主要材料	辅助材料	燃料	低值易耗品	
产品生产	A					
	B					
车间一般耗用						
销售						
管理部门一般耗用						
合计						

复核：　　　　编制：

图 4-7　发料凭证汇总表

（3）按格式的不同分类

1）通用凭证。通用凭证是指由有关部门统一印制、在一定范围内使用的具有统一格式和使用方法的原始凭证，如全国通用的增值税发票、银行转账结算凭证等。

2）专用凭证。专用凭证是指由各单位自行印制，仅在本单位内部使用的原始凭证，如入库单、出库单、工资费用分配单、折旧计算表等。

课堂练习

增值税专用发票、入库单和限额领料单按照 3 种分类标准分别属于哪种原始凭证？

（二）记账凭证

1. 记账凭证的概念

记账凭证是会计人员根据审核无误的原始凭证或汇总原始凭证填制的，用来确定经济业务应借、应贷的会计科目和金额的，作为登记账簿直接依据的会计凭证。记账凭证如图 4-8 所示。

记 账 凭 证

年　　月　　日　　　　　　　　　　　第　　号

摘要	会计科目	明细科目	记账√	借方金额										记账√	贷方金额										
				千	百	十	万	千	百	十	元	角	分		千	百	十	万	千	百	十	元	角	分	
																									附
																									件
																									张
合计：		（附件　张）																							

会计主管：　　　　记账：　　　　出纳：　　　　审核：　　　　制单：

图 4-8　记账凭证（1）

2. 记账凭证的种类

（1）按其记录反映经济业务内容分类

1）专用记账凭证。专用记账凭证是指用来专门记录某一类经济业务的记账凭证。专用记账凭证按其所记录的经济业务与现金和银行存款的收付有无关系，又分为收款凭证、付款凭证和转账凭证。

① 收款凭证是指专门用来记载库存现金及银行存款收款业务的记账凭证。它是根据有关库存现金和银行存款收入业务的原始凭证填制的。收款凭证如图 4-9 所示。

收 款 凭 证

借方科目：　　　　　　　　　　　　年　　月　　日　　　　　　　　　　　　字第　　号

摘要	贷方科目		金额											记账√
	总账科目	明细科目	亿	千	百	十	万	千	百	十	元	角	分	
合计														

附件　张

会计主管：　　　　记账：　　　　出纳：　　　　审核：　　　　制单：

图 4-9　收款凭证（1）

② 付款凭证是指专门用来记载库存现金及银行存款付款业务的记账凭证。它是根据有关库存现金和银行存款付款业务的原始凭证填制的。注意：为避免重复记账，当库存现金和银行存款同时出现在一笔经济业务中时，只要求编制付款凭证。付款凭证如图 4-10 所示。

付 款 凭 证

贷方科目：　　　　　　　　　　　　年　　月　　日　　　　　　　　　　　　字第　　号

摘要	借方总账科目	明细科目	记账符号	金额									
				千	百	十	万	千	百	十	元	角	分
合计													

附件　张

会计主管：　　　　记账：　　　　出纳：　　　　审核：　　　　制单：

图 4-10　付款凭证（1）

③ 转账凭证是指专门用来记载不涉及库存现金和银行存款收付的其他转账业务的记账凭证。转账凭证如图 4-11 所示。

转 账 凭 证

年　月　日　　　　　　　　　　　　字第　　号

摘要	总账科目	明细科目	记账√	借方金额										记账√	贷方金额										
				千	百	十	万	千	百	十	元	角	分		千	百	十	万	千	百	十	元	角	分
合计																									

附单据　　张

会计主管：　　　　　记账：　　　　　出纳：　　　　　审核：　　　　　制单：

图 4-11　转账凭证（1）

2）通用记账凭证。通用记账凭证是指格式统一，用来记录所有经济业务的记账凭证，它的格式与转账凭证的格式基本相同。在收付款业务较少的单位，为简化核算，可以使用通用记账凭证。

（2）按其填制的方式分类

1）单式记账凭证。单式记账凭证是指只填列一个会计科目的记账凭证，又称为单科目记账凭证。若一笔经济业务涉及多个会计科目，就必须分别填制单式记账凭证，每张记账凭证只填列一个会计科目，其对方科目只供参考，不凭以记账。

2）复式记账凭证。复式记账凭证是指一项经济业务所涉及的全部会计科目都集中在一张凭证上的记账凭证，又称为多科目记账凭证，它是实际工作中应用最普通的记账凭证。

收款凭证、付款凭证、转账凭证及通用记账凭证都是复式记账凭证。

小贴士

原始凭证与记账凭证的关系：原始凭证是记账凭证的基础，记账凭证是根据原始凭证填制的。在实际工作中，原始凭证附在记账凭证后面，作为记账凭证的附件。记账凭证是对原始凭证内容的概括和说明，原始凭证有时也是登记日记账和明细账的依据。

课堂练习

什么样的业务需要填制收、付款凭证？试举例说明。

第二节 原始凭证的填制与审核

一、原始凭证的基本内容

原始凭证的基本内容包括：①原始凭证的名称及编号；②填制原始凭证的日期；③接受原始凭证的单位名称；④经济业务内容（经济业务内容摘要）；⑤经济业务的单价、数量和金额；⑥填制单位签章（填制原始凭证的单位名称或者填制人姓名）；⑦经办人员签章（经办业务人员的签名或者盖章）。具体如图4-12所示。

图4-12 原始凭证的基本内容

二、原始凭证的填制要求

1. 记录真实

在原始凭证中，填列的经济业务内容和数字必须真实可靠，符合实际情况。

2. 内容完整

在原始凭证中，填列的项目必须逐项填列齐全，不得遗漏和省略。

1）年、月、日要按照填制原始凭证的实际日期填写。

2）名称要齐全，不能简化。

3）品名或用途要填写明确，不能含糊不清。

4）有关人员的签章必须齐全。

3. 手续要完备

1）单位自制的原始凭证必须有经办单位领导人或者其他指定人员的签名盖章。

2）对外开出的原始凭证必须加盖本单位公章。

3）从外部取得的原始凭证，必须加盖有填制单位的公章。

4）从个人取得的原始凭证，必须有填制人员的签名盖章。

4. 书写规范

1）原始凭证要求使用蓝、黑色墨水笔或特殊书写笔书写，文字清楚、工整、易于辨认，不得臆造文字。

2）业务内容应简明扼要，业务数量、单价和金额要按规定书写。

3）金额数字不得随笔连写，空白金额行内应加"/"注销，小写合计金额前要加写人民币符号"￥"。

4）大小写数字规范，金额保持一致，两联或两联以上套写的凭证，必须一次性全部写透，不得逐联填写。

5. 编号要连续

如果原始凭证已预先印定编号，在因错作废时，应加盖"作废"戳记，并妥善保管，不得撕毁。

6. 不得涂改、刮擦、挖补

原始凭证有错误的，应当由出具单位重开或更正，更正处应当加盖出具单位印章。原始凭证金额有错误的，应当由出具单位重开，不得在原始凭证上更正。

7. 填制要及时

各种原始凭证一定要及时填写，并按规定程序及时送交会计机构、会计人员进行审核。

三、会计数字的书写

1. 阿拉伯数字的书写要求

1）每个数字书写应大小匀称，笔画流畅；每个数字独立有形、一目了然，不能连笔书写。阿拉伯数字的书写如图 4-13 所示。

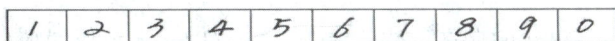

图 4-13　阿拉伯数字的书写

2）书写排列有序，字体要自右上方向左下方倾斜，数字与底线通常成 60°倾斜角。

3）书写的每个数字要紧贴底线，但卜不可顶格。一般每个格内数字约占凭证、账页横格高度的 1/2 为宜，要为更正数字留有空间。

4）书写会计数字时，应从左至右，笔画顺序是自上而下，先左后右，防止倒插笔。

5）同一行的相邻数字之间要空出半个阿拉伯数字的位置，但也不可预留间隔，间隔以不能增加数字为好。

6）除"4""5"以外的数字，必须一笔写成，不能人为地增加数字的笔画。

7）"6"字要比一般数字向右上方长出约 1/4，"7"和"9"字要向左下方长出约 1/4。

8）阿拉伯数字金额前应加"¥"符号，并应紧接"¥"符号填写阿拉伯数字。

2. 中文大写数字的书写要求

中文大写数字主要用于支票、合同数据、发票等重要票据。中文大写数字庄重、笔画繁多、可防篡改，有利于避免混淆和经济损失。中文大写金额由数字和数位两部分组成，两者缺一不可。数字包括零、壹、贰、叁、肆、伍、陆、柒、捌、玖；数位包括拾、佰、仟、万、亿、圆（元）、角、分等。数字和数位一定要规范用字，切不可自造字，以防篡改，而且一律用正楷体或行书体书写，不得用简化字代替。

3. 大小写金额书写规范

通常，人们将用阿拉伯数字表示的金额数字简称为"小写金额"，用中文大写数字表示的金额数字简称为"大写金额"。

（1）小写金额书写要求

1）书写小写金额时，数字前面应当书写货币币种或者货币名称简写和币种符号。币种符号与数字之间不得留有空白，以防止金额数字被人涂改。凡数字前写有币种符号（人民币符号"¥"），数字后面不再写货币单位。

小 贴 士

"¥"是"yuan"第一个字母的缩写变形，它既表示人民币的币制，又表示人民币"元"的单位。所以，小写金额前填写人民币符号"¥"以后，数字后面可不写"元"字。"¥"主要应用于填写票证（发票、支票、存单等）和编制记账凭证，在登记账簿、编制报表时一般不使用。

2）在没有位数分隔线的凭证、账、表上，所有以元为单位的阿拉伯数字，除表示单价等情况外，一律写到角分；无角分的，角位和分位可写"00"或"—"；有角无分的，分位应当写"0"，不得以符号"—"代替。

例如："¥100.00"可写成"¥100.—"，也可写作"¥100.00 元"；"¥100.50"不可写作"¥100.5—"。

3）只有分位金额的，在元和角位上各写一个"0"并在元与角之间点一个小数点，如"¥0.06"。

4）金额的整数部分，可以从小数点向左按照"三位一节"用分位点","分开或加1/4 空分开，如"¥6,947,130.72"或"¥6 947 130.72"。

5）有数位分隔线的凭证账表的标准写法：

① 对应固定的位数填写，不得错位，从最高位起，后面各数位格数字必须写完整。

② 只有分位金额的，在元和角位上均不得写"0"。

③ 只有角位或角分位金额的，在元位上不得写"0"。

④ 分位是"0"的，在分位上写"0"；角分位都是"0"的，在角分位上各写一个"0"。

（2）大写金额的书写要求

1）大写金额由数字（壹、贰、叁、肆、伍、陆、柒、捌、玖、零）和数位［人民币、拾、佰、仟、万、亿、圆（元）、角、分、零、整（正）及数量单位等］组成。

2）大写金额前未印有货币名称（"人民币"）的，应加填货币名称，货币名称与金额数字之间不得留有空白。

3）大写金额到元或角为止的，在其后写"整"或"正"，到分为止的则"分"后面不写"整"字。

4）小写金额中间连续有几个"0"时，大写金额中可以只写一个"零"，小写金额元位是"0"但角位不是"0"时，大写金额可写"零"也可不写"零"。

5）大写金额"拾""佰""仟""万"等数位字前必须冠有数量字，不可省略，特别是当小写金额最高位是"1"时，大写金额加写"壹"，如"壹拾×"的"壹"字，很容

易漏掉，那样，既不符合书写要求（因为"拾"代表位数，而不是数字），又容易被改成"贰拾×"等。

6）若数位字已印好，在首个数量字前的各数位字前标上符号"×"，金额数字中间有几个"0"（含分位），大写金额就写几个"零"。例如"¥100.50"，大写金额应写成"人民币×万×仟壹佰零拾零元伍角零分"。

4. 银行票据的出票日期书写规范

票据的出票日期必须使用中文大写。为防止变造票据的出票日期，在填写月、日时，月为壹、贰和壹拾的，日为壹至玖和壹拾、贰拾和叁拾的，应在其前加"零"；日为拾壹至拾玖的，应在其前加"壹"。例如，"1月15日"应写成"零壹月壹拾伍日"，"10月20日"应写成"零壹拾月零贰拾日"。票据出票日期使用小写填写的，银行不予受埋。

课堂练习

将下列小写金额与大写金额进行转换，小写日期与大写日期进行转换。
1）小写金额转换成大写金额：¥104 005.00、¥1 005.05、¥200.06、¥413.23。
2）大写金额转成小写金额：人民币壹仟元整、人民币贰佰叁拾肆元零捌分、人民币壹角整。
3）小写日期转换成大写日期：2010年1月12日、2015年10月20日、2016年3月10日。
4）大写日期转换成小写日期：贰零壹叁年零捌月壹拾伍日、贰零零捌年零壹拾月零柒日。

四、常用原始凭证的填制

1. 支票的填写

支票是指出票人签发的委托银行等金融机构于见票时支付一定金额给收款人或持票人的一种票据。支票可以分为现金支票、转账支票和普通支票3种。支票上印有"现金"字样的为现金支票，只能用于支取现金；支票上印有"转账"字样的为转账支票，只能用于转账；支票上未印有"现金"和"转账"字样的为普通支票，可以用于支取现金，也可以用于转账。在普通支票左上角画两条平行线的，为划线支票，它只能用于转账，不能用于支取现金。现金支票如图4-14所示，转账支票如图4-15所示。

××银行
现金支票存根

支票号码
附加信息
_____
_____

出票日期　　年　月　日

| 收款人： |
| 金　额： |
| 用　途： |
| 单位主管：　　会计： |

本支票付款期限十天

××银行　**现金支票**　（省别简称）（支票号码）

出票日期（大写）　　年　月　日　　付款行名称：
收款人：　　　　　　　　　　　　出票人账号：

人民币 （大写）		亿	千	百	十	万	千	百	十	元	角	分

用途_____
上列款项请从
我账户内支付
出票人签章　　　　　　　　　　　复核　　记账

（a）现金支票正面

附加信息

（贴粘单处）

收款人签章
年　月　日

| 身份证件名称： | | | | | 发证机关： | | | | | | | |
| 号码： | | | | | | | | | | | | |

（b）现金支票背面（正联部分）

图 4-14　现金支票

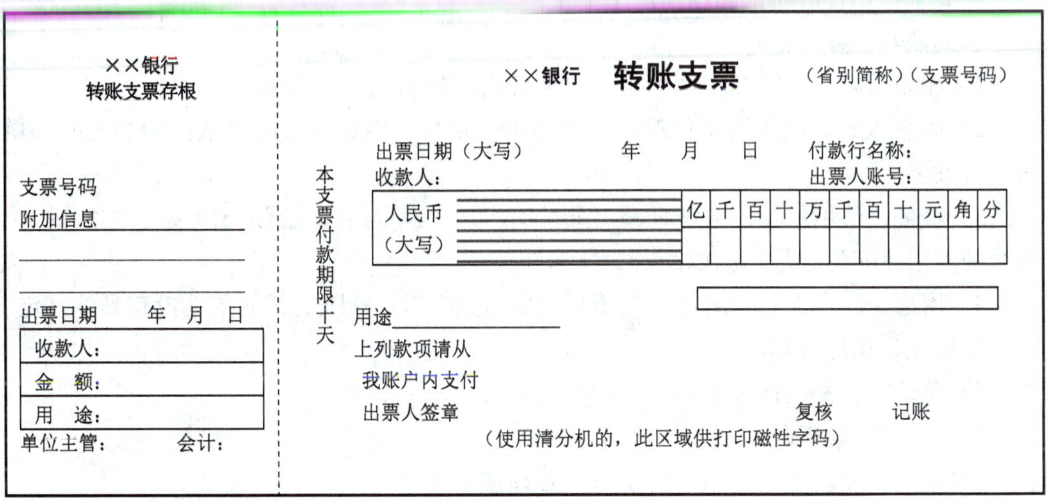

（a）转账支票正面

（b）转账支票背面（正联部分）

图 4-15 转账支票

支票有两个联次，分别为支票存根联和支票正联，支票存根联为企业备查使用，支票正联交给收款人作为付款的依据。

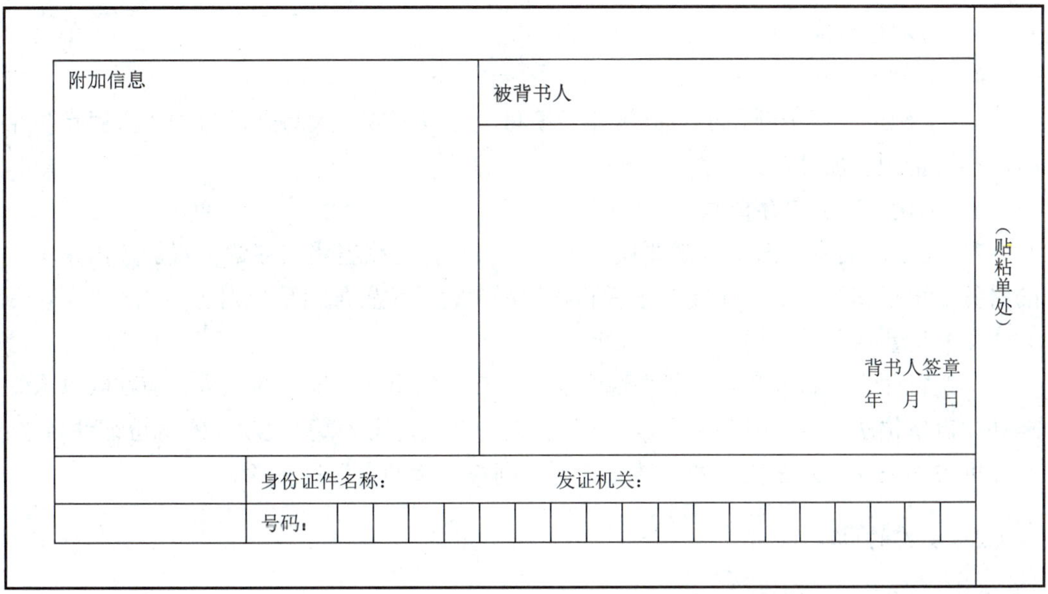

现金支票和转账支票的填写步骤如下：

（1）填写支票存根联

1）出票日期。支票存根联的出票日期使用阿拉伯数字填写即可。

2）收款人。收款人为单位的，应填写单位全称；现金支票的收款人为个人的，填写个人姓名。

3）金额。使用阿拉伯数字金额，金额前应加"¥"符号，金额一律填写到角分；无角分的应用"00"补足，例如"¥1 260.00"。

4）用途。现金支票的用途一般填写"备用金"等，转账支票的用途没有具体规定，可填写货款、代理费等。

5）单位主管和会计签章。

（2）填写支票正联

1）出票日期。支票正联的出票日期必须使用大写。

2）收款人。收款人为单位的，应填写单位全称；现金支票的收款人为个人的，填写个人姓名。

3）付款行名称。

4）出票人账号。

5）金额。大写金额和小写金额都要填写，并应一致。大写金额前加"人民币"字样，小写金额前加"¥"。

6）用途。同支票存根联。

7）盖章。支票正面一般需要盖三个章，在支票正联出票人签章位置加盖出票单位的财务专用章和法人章，在支票正联和存根联骑缝的位置加盖单位财务专用章。

（3）支票背面的使用

支票背面为收款人签章，若为现金支票，支票的出票人即为收款人，应在收款人签章处加盖单位法人章和财务专用章；若收款人为个人，则应填写收款人的身份证件名称、发证机关和证件号码三栏，若为转账支票，则在"背书人"栏签章。

2. 发票的填写

（1）增值税专用发票的填写

增值税专用发票一般共有三联：第一联为抵扣联，是购货单位的扣税凭证，此联最终去向是由购货单位交给税务局进行进项税额抵扣；第二联为发票联，是购货单位的记账凭证，此联最终去向是购货单位作为购买物品的原始凭证入账；第三联为销货方的记账凭证，此联最终去向是销货单位作为销售产品的原始凭证入账。增值税专用发票如图4-16所示。

1200054140   天津增值税专用发票   No 00845548

抵 扣 联

开票日期：

购货单位	名　　称： 纳税人识别号： 地址、电话： 开户行及账号：			密码区				
	货物或应税劳务名称	规格型号	单位	数量	单价	金额	税率	税额
	合　　计							
	价税合计（大写）			（小写）				
销货单位	名　　称： 纳税人识别号： 地址、电话： 开户行及账号：			备注				

第一联 抵扣联 购货方扣税凭证

收款人：　　　　　　复核：　　　　　　开票人：　　　　　　销货单位：（章）

图 4-16　增值税专用发票

增值税专用发票的填写方法如下：

1）填写开票日期。

2）填写购货单位有关信息：购货单位名称，纳税人识别号，地址、电话，开户行及账号。

3）填写货物或应税劳务名称、规格型号、单位、数量、单价、金额、税率、税额等。

4）填写价税合计大写金额和小写金额。

5）填写销货单位有关信息：销货单位名称，纳税人识别号，地址、电话，开户行及账号。

6）相关人员签章。

（2）普通发票的填写

普通发票如图 4-17 所示。

普通发票的填写方法如下：

1）填写付款单位名称。

2）填写发票日期。

3）填写发票所设计的货物或应税劳务的名称和金额，注意小写合计金额和大写金额应一致。

4）填写收款单位名称及税号。

5）开票人签章。

山东省国家税务局通用手工发票

发 票 联

密码					发票代码	
付款单位:					发票号码	

年　　月　　日

项 目 内 容	金 额					备 注
	百	十	元	角	分	
合计人民币（大写）						

收款单位名称：　　　　　　　　开票人：

收款单位税号：

第二联　发票联

图 4-17　普通发票

3. 银行进账单的填写

银行进账单一般为一式三联：第一联为回单，是开户银行交给持票人的回单，表明银行已受理了此项业务；第二联为贷方凭证，由收款人开户银行作贷方凭证；第三联为收账通知，是收款人开户银行交给收款人的收账通知，表明款项已到账。银行进账单如图 4-18 所示。

××银行　进 账 单　（贷方凭证）　　2

年　　月　　日

出票人	全　称		收款人	全　称													
	账　号			账　号													
	开户银行			开户银行													
金额	人民币（大写）				亿	千	百	十	万	千	百	十	元	角	分		
	票据种类		票据张数														
	票据号码																
备注:																	
								复核：　　　　记账：									

此联由收款人开户银行作贷方凭证

图 4-18　进账单

银行进账单的填写方法如下：

1）填写出票人信息，包括出票人单位全称、账号和开户银行名称。

2）填写收款人信息，包括收款人单位全称、账号和开户银行名称。

3）填写金额，注意大小写金额一致。

4）填写缴存款项所使用的票据种类、张数和号码。

5）收款人开户银行盖章。

4. 收据的填写

收据一般一式三联：第一联为存根联，由出纳备查使用；第二联为客户联，交给付款的客户；第三联为记账联，由财务记账使用。收据如图 4-19 所示。

图 4-19　收据

收据的填写方法如下：

1）填写客户名称，即收款对象名称。

2）填写日期。

3）填写收据所设计的商品名称及规格、单位、数量、单价及金额等。

4）填写合计大写金额和小写金额。

5）相关人员签章。

5. 差旅费报销单的填写

差旅费报销单如图 4-20 所示。

差旅费报销单

部门＿＿＿＿＿＿＿　　　　　　　　　　年　月　日

出差人								出差事由							
出发				到达				交通工具	交通费		出差补贴		其他费用		
月	日	时	地点	月	日	时	地点		单据张数	金额	天数	金额	项目	单据张数	金额
													住宿费		
													市内车费		
													邮电费		
													办公用品费		
													不买卧铺补贴		
													其他		
合计															
报销总额	人民币（大写）								预借差旅费金额				补领金额		
													退还金额		

附件　张

主管：　　　　审核：　　　　出纳：　　　　领款人：

图 4-20　差旅费报销单

差旅费报销单的填写要求如下：

1）填写报销部门。

2）填写报销日期。

3）填写出差人员姓名及出差事由。

4）填写出差期间出发和到达情况。

5）填写出差支出具体情况等。

6）填写报销总额、预借差旅费金额和需要补领或退还的金额。

7）填写附件张数，并将附件贴在报销单后面。

8）相关人员签章。

6. 收料单的填写

收料单（图 4-5）一般一式三联：第一联为存根联，为仓库备查用；第二联为收据联，交供货单位留底；第三联为记账联，交财务记账。

收料单的填写要求如下：

1）填写供料单位名称。

2）填写收料日期

3）填写所收材料的编号、名称、规格、单位、数量、单价和金额。

4）填写合计大写金额和小写金额。

5）相关人员签章。

7. 领料单的填写

领料单一般一式三联：第一联为存根联，为仓库管理员备查使用；第二联为保管联，为库管登记材料明细账使用；第三联为记账联，交财务记账。领料单如图 4-21 所示。

图 4-21　领料单

领料单的填写要求如下：

1）填写领料部门。

2）填写领料日期。

3）填写所领材料的编号、名称、型号及规格、单位、数量、计划价格等。

4）填写领料用途。

5）相关人员签章。

五、原始凭证的审核与处理

1. 原始凭证的审核

（1）原始凭证审核的要求

原始凭证必须经会计主管人员严格审核后，才能作为填制记账凭证和登记账簿的

依据。

原始凭证审核的要求如下。

1）真实性。经济业务的双方单位和当事人是否真实；经济业务的内容是否真实；经济业务的发生时间、地点和填制凭证的日期是否真实。

2）合理性。经济业务是否符合企业经济活动的需要；是否符合有关计划和预算等。

3）合法性。是否符合国家的有关方针政策、法规、制度和计划的规定；是否以合同为依据；有无违反财经制度的现象；有无贪污、盗窃、虚报冒领、伪造凭证等违纪行为。

4）完整性。原始凭证上所记载的经济活动的各项内容是否符合规定要求，是否完整；原始凭证上的每个项目是否全面、清楚、无遗漏。

5）正确性。原始凭证的填制手续是否正确；原始凭证填制的内容，如数量、单价及金额是否正确。

6）及时性。是否及时填制并及时传递。

（2）原始凭证审核的要点

1）内容是否齐全。包括凭证的名称；填列日期；填制单位和接受凭证单位的名称；经办人签章；经济业务内容，如数量、单价、金额等。

2）签章是否完备。单位自制的原始凭证必须有经办单位相关负责人的签名盖章；对外开出的原始凭证必须加盖单位公章；从外部取得的原始凭证必须有填制单位的公章，从个人取得的原始凭证必须有填制人员的签名盖章。

3）联次是否正确。一式几联的原始凭证必须注明各联的用途，以其中一联作为报销凭证；一式几联的原始凭证必须用复写纸复写，各联一次性写透，并且连续编号。

2. 原始凭证审核结果的处理方法

原始凭证的审核是一项十分重要的工作，经审核的原始凭证应根据不同的情况处理，具体处理方法如下。

1）对于审核无误的原始凭证，应及时据以填制记账凭证入账。

2）对于真实、合法、合理，但内容不完整、填写有错误的原始凭证，应退回给相关经办人员，由其将凭证进行补充完整、更正错误后或重开后，再办理正式会计手续。

3）对于不真实、不合法的原始凭证，会计人员有权不予接受，并向单位负责人报告。

课堂练习

根据所给资料，填制有关原始凭证。

1）2018 年 5 月 21 日，甲有限公司销售给乙公司一批鲜橙汁，规格为 1.2 升，

100箱，单价为60元，增值税税率为16%，甲公司地址：南阳路18号；电话：82603496；税务登记证号：322266687912458；开户银行及账号：中国工商银行南阳路支行，12345687923。乙公司地址：黄河路17号；电话：83658792；税务登记证号：32126687912459；开户银行及账号：交通银行黄河路分行，56789123546。

要求：①填写增值税专用发票（签章处以文字说明）；②当日收到乙公司转账支票一张，送存银行，填制进账单。

2）2018年5月10日，A公司从银行提取现金100 789 400.50元以备发工资，填制现金支票（签章处以文字说明）。

3）2018年5月8日，B家具厂销售给个人王庆电脑桌两张，规格为1.2米×0.9米，单价为1 900元，增值税税率为16%，填制普通发票（签章处以文字说明）。

第三节　记账凭证的填制与审核

一、记账凭证的内容

为了做到分类反映经济业务的内容，必须按会计核算方法的要求，将其归类、整理、编制记账凭证，标明经济业务应记入的账户名称及应借、应贷的金额，作为记账的直接依据。所以，记账凭证必须具备以下内容：

1）填制凭证的名称。

2）填制凭证的日期和凭证的编号。

3）经济业务的内容摘要。

4）会计分录（会计科目、借贷方向、金额）。

5）所附原始凭证的张数。

6）会计主管、记账、出纳、复核、制单等有关人员的签名或盖章。

二、记账凭证的填制要求

填制记账凭证是一项重要的会计工作。为了便于登记账簿，保证账簿记录的正确性，填制记账凭证应符合以下要求：

1）记账凭证的各项内容必须完整。除结账和更正错误的记账凭证可以不附原始凭证外，其他记账凭证必须附有原始凭证。

2）记账凭证的"摘要"栏是对经济业务的简要说明，填写时既要简明，又要确切。

3）填制收、付款凭证的日期应按货币资金的实际收付日期填写，与原始凭证所记载的日期不一定相同；而转账凭证原则上按收到原始凭证的日期填写，但经济业务实际

发生的日期应在"摘要"栏上注明。

4）会计科目使用必须正确，二级科目和明细科目也要填写齐全，应借、应贷账户的对应关系必须清楚。

5）记账凭证在一个月内应当连续编号。可按业务发生的顺序和不同种类采用字号编号法连续编号，如"银收字1号""现收字1号""现付字1号""银付字1号""转字1号"。若一笔业务需要填制两张及两张以上凭证，可采用分数编号法，即 $1/n$、$2/n$、…、n/n，如"转字 7 1/3""转字 7 2/3""转字 7 3/3"。

6）如果在填制记账凭证时发生差错，应当重新填制。对已经登记入账的，可填写红字凭证注销后，再重新填制正确凭证。

7）在同一项经济业务中，若既有现金或银行存款的收付业务，又有转账业务时，应相应地填制收、付款凭证和转账凭证。

8）填制记账凭证时，应按行次逐行填写，不得跳行，若填制后有空行，应当在"金额"栏自最后一笔金额数字下的空行至合计数上的空行处划线注销。

9）记账凭证填写完毕，应进行复核与检查，并按所使用的记账方法进行试算平衡。

三、记账凭证的填制方法

1. 收款凭证的填制

收款凭证是用来记录货币资金收款业务的凭证，它是由出纳人员根据审核无误的现金和银行存款收款业务的原始凭证填制的。在借贷记账法下，收款凭证左上方所填列的借方科目应是"库存现金"或"银行存款"。凭证内所反映的贷方科目，应填列与"库存现金"或"银行存款"相对应的科目。"金额"栏填列经济业务实际发生的数额，在凭证的右侧填写所附原始凭证张数，并在出纳及制单处签名或盖章。

凭证左上角"借方科目"处，按照业务内容选填"银行存款"或"库存现金"科目；凭证上方的"年月日"处，填写财会部门受理经济业务事项制证的日期；凭证右上角的"字第　号"处，填写"银收"或"收"字和已填制凭证的顺序编号；"摘要"栏填写能反映经济业务性质和特征的简要说明；"总账科目"和"明细科目"栏填写与银行存款或现金收入相对应的一级科目及其二级科目；"金额"栏填写与同一行科目对应的发生额；"合计"栏填写各发生额的合计数；凭证右边"附件　张"处需填写所附原始凭证的张数；凭证下边分别由相关人员签字或盖章，以明确经济责任；"记账"栏则应在已经登记账簿后画"√"符号，表示已经入账，以免发生漏记或重记错误。

【例4-1】2018 年 5 月 17 日，红星公司收到东方通信公司投入现金 300 000 元，存入银行。根据以上经济业务资料填制收款凭证，如图 4-22 所示。

收 款 凭 证

借方科目：银行存款					2018 年 5 月 17 日									银收字第 8 号

摘要	贷方		借或贷	记账√	金额									
	总账科目	明细科目			千	百	十	万	千	百	十	元	角	分
收到投资	实收资本	东方通信公司	贷	√		3	0	0	0	0	0	0	0	0
合计						¥	3	0	0	0	0	0	0	0

会计主管：程镇　　　记账：董运　　　出纳：刘力　　　审核：王伟　　　制单：刘力

图 4-22　收款凭证（2）

2. 付款凭证的填制

付款凭证是根据审核无误的现金和银行存款付款业务的原始凭证填制的。付款凭证的左上角"贷方科目"，应填列"库存现金"或"银行存款"；"借方"栏应填写与"库存现金"或"银行存款"科目相对应的总账科目及所属的明细科目。其余各部分的填制方法与收款凭证基本相同。

【例 4-2】2018 年 5 月 23 日，红星公司以银行存款支付办公费用 3 000 元。根据以上经济业务资料填制付款凭证，如图 4-23 所示。

付 款 凭 证

贷方科目：银行存款					2018 年 5 月 23 日									银付字第 10 号

摘要	借方		借或贷	记账√	金额									
	总账科目	明细科目			千	百	十	万	千	百	十	元	角	分
支付办公费	管理费用	办公费	借	√					3	0	0	0	0	0
合计								¥	3	0	0	0	0	0

会计主管：程镇　　　记账：董运　　　出纳：刘力　　　审核：王伟　　　制单：刘力

图 4-23　付款凭证（2）

小 贴 士

对于一笔既涉及库存现金又涉及银行存款的经济业务,即将现金存入银行或从银行提取现金的业务,为了避免重复记账,一般只编制付款凭证,不再编制收款凭证。

【例4-3】2018年5月25日,红星公司将现金20 000元存入银行。根据以上经济业务资料填制付款凭证,如图4-24所示。

付 款 凭 证

贷方科目:库存现金　　　　　　　2018 年 5 月 25 日　　　　　　　现付字第 12 号

摘要	借方		借或贷	记账√	金额									
	总账科目	明细科目			千	百	十	万	千	百	十	元	角	分
将现金存入银行	银行存款		借	√				2	0	0	0	0	0	0
合计							¥	2	0	0	0	0	0	0

附件 张

会计主管:程镇　　　记账:董运　　　出纳:刘力　　　审核:王伟　　　制单:刘力

图 4-24　付款凭证(3)

3. 转账凭证的填制

转账凭证是根据审核无误的不涉及现金和银行存款收付的转账业务的原始凭证填制的。转账凭证中"总账科目"和"明细科目"栏应填写应借、应贷的总账科目和明细科目,借方科目应记金额应在同一行的"借方金额"栏内填列,贷方科目应记金额应在同一行的"贷方金额"栏内填列;"合计"行中,借方总账科目金额合计数与贷方总账科目金额合计数应相等。

【例4-4】2018年5月26日,红星公司车间领用原材料费2 000元。根据以上经济业务资料填制转账凭证,如图4-25所示。

4. 通用记账凭证的填制

通用记账凭证是用以记录各种经济业务的凭证。采用通用记账凭证的经济单位,不再根据经济业务的内容分别填制收款凭证、付款凭证和转账凭证。

【例4-5】2018年5月29日,红星公司收到新兴公司前欠货款50 000元。根据以上经济业务资料填制通用记账凭证,如图4-26所示。

转 账 凭 证

2018 年 5 月 26 日 转字第 16 号

摘要	总账科目	明细科目	记账√	借方金额							记账√	贷方金额						
				万	千	百	十	元	角	分		万	千	百	十	元	角	分
领料	制造费用			2	0	0	0	0	0									
	原材料											2	0	0	0	0	0	
合计				¥	2	0	0	0	0	0		¥	2	0	0	0	0	0

会计主管：程镇　　　记账：董运　　　出纳：　　　审核：王伟　　　制单：宁静

附单据 张

图 4-25　转账凭证（2）

记 账 凭 证

2018 年 5 月 29 日 记字第 15 号

摘要	总账科目	明细科目	记账√	借方金额								记账√	贷方金额							
				十	万	千	百	十	元	角	分		十	万	千	百	十	元	角	分
收到货款	银行存款				5	0	0	0	0	0	0									
	应收账款	新兴公司												5	0	0	0	0	0	0
合计					¥	5	0	0	0	0	0			¥	5	0	0	0	0	0

会计主管：程镇　　　记账：董运　　　出纳：　　　审核：王伟　　　制单：宁静

附件 张

图 4-26　记账凭证（2）

课堂练习

2018 年 5 月，盛华公司发生如下经济业务：

1）8 日，收到三佳公司 300 000 元的投入资本，款项存入银行。

2）12 日，以银行存款支付广告费 40 000 元。

3）16 日，以银行存款 330 000 元购买机器设备，交付使用。

4）20 日，收回太古公司前欠货款 100 000 元，存入银行。

5）26 日，将 20 000 元现金存入银行。

6）29 日，采购员乔林预借差旅费 2 000 元，以现金付讫。

要求：根据以上经济业务资料填制相应的收款凭证、付款凭证和转账凭证。

四、记账凭证的审核与处理

1. 记账凭证的审核

为了保证会计信息的质量，在记账凭证编制后，必须由稽核人员进行严格的审核。审核的内容如下：

1）内容是否真实。审核记账凭证是否有原始凭证为依据，所附原始凭证的内容是否与记账凭证的内容一致。

2）项目是否齐全。审核记账凭证各项目的填写是否齐全，如日期、凭证编号、摘要、金额、所附原始凭证张数及有关人员签章。

3）科目是否正确。审核记账凭证的应借、应贷科目是否正确，是否有明确的账户对应关系，所使用的会计科目是否符合国家统一会计制度的规定等。

4）金额是否正确。审核记账凭证记录的金额与原始凭证的有关金额是否一致，计算是否正确。

5）书写是否规范。审核记账凭证中的文字记录是否工整、数字是否清晰，是否按规定进行更正等。

6）手续是否完备。审核出纳人员在办理收款或付款业务后，是否已在原始凭证上加盖"收讫"和"付讫"的戳记。

2. 记账凭证的处理

记账凭证经过审核后，如发现错误，应查明原因，及时更正。只有审核无误的记账凭证，才能作为登记账簿的依据。

如果在填制记账凭证时发生错误，应当重新填制。已经入账的记账凭证，当月结账后在当年内发现填写错误时，可以用红字填写一张与原内容相同的记账凭证，在"摘要"栏注明"注销某月某日某号凭证"字样，同时用蓝字重新填制一张正确的记账凭证，并在"摘要"栏注明"订正某月某日某号凭证"字样。如果会计科目没有错误，只是金额错误，也可以按正确数字与错误数字之间的差额，另编一张调整的记账凭证，调增金额用蓝字，调减金额用红字。如果发现以前年度记账凭证有错误，应当用蓝字填制一张更正的记账凭证。

第四节　会计凭证的传递与保管

一、会计凭证的传递

会计凭证的传递是指从会计凭证取得或填制起至归档保管过程中，在单位内部有关

部门和人员之间的传递程序。

会计凭证的传递应当满足内部控制制度的要求，使传递程序合理有效，同时应尽量节约时间，减少传递工作量。各单位应根据具体情况确定每一种会计凭证的传递程序和方法。

会计凭证的传递具体包括传递程序和传递时间。各单位应根据经济业务特点、内部机构设置、人员分工和管理要求，具体规定各种凭证的传递程序；根据有关部门和经办人员办理业务的情况，确定合理的传递时间。

二、会计凭证的保管

会计凭证的保管是指会计凭证结账后的整理、装订和归档存查工作。

会计凭证是记录经济业务、明确经济责任且具有法律效力的证明文件，又是登记账簿的依据，所以它是重要的经济档案和经济资料。任何企业在完成经济业务手续和记账后，必须按制度进行立卷归档，形成会计档案资料，妥善保管，防止丢失，不得任意销毁，以便日后随时查阅。

会计凭证保管的要求如下：

1）会计凭证应定期装订成册，防止散失。会计部门在记账后，连同所附的原始凭证和原始凭证汇总表，要分类按顺序编号，定期（1天、5天、10天或1个月）装订成册，并加具封面、封底，注明单位名称、凭证种类、所属年月和起讫日期、起止号码、凭证张数等。为防止任意拆装，应在装订处贴上封签，并由经办人员在封签处加盖骑缝章。

2）原始凭证较多时，可以单独装订，并在凭证封面上写明记账凭证的时间、编号、种类，同时在记账凭证上注明"附件另订"。对于各种经济合同和重要的涉外文件等凭证，应另编目录，单独登记保管，并在有关原始凭证和记账凭证上注明。

3）原始凭证不得外借，其他单位因特殊原因需要使用原始凭证时，经本单位领导批准，可以复制，但应在专门的登记簿上进行登记，并由提供人员和收取人员共同签章。

4）会计凭证装订成册后，在年度终了可暂时由会计部门保管一年，期满后移交本单位档案机构统一保管；未设立档案机构的，应有专人负责分类保管。会计凭证的保管期限和销毁手续，应严格按照《会计档案管理办法》进行管理。

5）严格遵守会计凭证的保管期限要求，期满前不得任意销毁。

小 贴 士

出纳人员不得监管会计档案。

课后练习

一、单项选择题

1. 下列原始凭证中,属于累计凭证的是（　　）。

    A. 增值税专用发票　　　　　　　　B. 发料凭证汇总表

    C. 限额领料单　　　　　　　　　　D. 差旅费报销单

2. （　　）不属于会计凭证。

    A. 发货票　　　　B. 领料单　　　　C. 购销合同　　　　D. 住宿费收据

3. 会计凭证的传递范围是（　　）。

    A. 本单位与外单位有关部门和人员之间

    B. 本单位内部有关部门和人员之间

    C. 本单位与税收部门和人员之间

    D. 本单位与银行之间

4. 在下列原始凭证中,属于累计凭证的是（　　）。

    A. 领料单　　　　　　　　　　　　B. 限额领料单

    C. 收料凭证汇总表　　　　　　　　D. 制造费用分配表

5. 会计人员在审核原始凭证过程中,对于手续不完备的原始凭证,按规定应（　　）。

    A. 扣留原始凭证

    B. 拒绝执行

    C. 向上级机关反映

    D. 退回给相关经办人员,由其负责将有关凭证补充完整、更正错误或重开

6. 下列凭证属于原始凭证的是（　　）。

    A. 转账凭证　　　　　　　　　　　B. 记账编制凭证

    C. 收款凭证　　　　　　　　　　　D. 付款凭证

7. 下列单据不属于原始凭证的是（　　）。

    A. 市内公共汽车票　　　　　　　　B. 支票存根

    C. 固定资产折旧计算表　　　　　　D. 职工困难补助申请报告

8. 在采用专用记账凭证时,销售产品一批,部分货款收回存入银行,部分货款对方暂欠,应同时填制（　　）。

    A. 收款凭证和付款凭证　　　　　　B. 收款凭证和转账凭证

    C. 付款凭证和转账凭证　　　　　　D. 两张转账凭证

9. 限额领料单是一种（　　）。

    A. 一次凭证　　　　B. 累计凭证　　　　C. 汇总凭证　　　　D. 单式凭证

10. 将记账凭证分为收款凭证、付款凭证、转账凭证的依据是（　　）。

    A. 凭证填制的手续　　　　　　B. 凭证的来源

    C. 凭证所反映经济业务内容　　D. 所包括的会计科目是否单一

二、多项选择题

1. 下列属于一次凭证的有（　　）。

    A. 限额领料单　　　　　　　　B. 领料单

    C. 领料登记表　　　　　　　　D. 购货发票

    E. 销货发票

2. 记账凭证编制的依据可以是（　　）。

    A. 收、付款凭证　　　　　　　B. 一次凭证

    C. 累计凭证　　　　　　　　　D. 汇总原始凭证

    E. 转账凭证

3. 下列属于原始凭证的有（　　）。

    A. 发出材料汇总表　　　　　　B. 汇总收款凭证

    C. 购料合同　　　　　　　　　D. 限额领料单

    E. 收料单

4. 原始凭证审核时应注意（　　）。

    A. 凭证反映的业务是否合法　　B. 所运用的会计科目是否正确

    C. 凭证上各项目是否填列齐全完整　D. 各项目的填写是否正确

    E. 数字计算有无错误

5. 下列凭证中，属于汇总原始凭证的有（　　）。

    A. 发料汇总表　　　　　　　　B. 制造费用分配表

    C. 发货票　　　　　　　　　　D. 现金收入汇总表

    E. 工资结算汇总表

6. 下列凭证中，属于复式记账凭证的有（　　）。

    A. 单项目凭证　　　　　　　　B. 收款凭证

    C. 付款凭证　　　　　　　　　D. 转账凭证

    E. 通用记账凭证

7. 下列属于外来凭证的有（　　）。

    A. 购入材料的发票　　　　　　B. 出差住宿费收据

    C. 银行结算凭证　　　　　　　D. 收款凭证

    E. 转账凭证

8．收款凭证和付款凭证是（　　　）。

A．登记现金日记账、银行存款日记账的依据

B．编制报表的直接依据

C．调整和结转有关账项的依据

D．成本计算的依据

E．由出纳人员依据审核无误的现金和银行存款业务的原始凭证填制的

9．正确组织会计凭证传递的意义在于（　　　）。

A．可以及时反映和监督经济业务的发生和完成情况

B．合理有效地组织经济活动

C．有利于原始凭证的编制

D．可以加强经济管理责任制

E．有利于研究会计发展历史

10．会计凭证的保管应做到（　　　）。

A．定期整理归类　　　　　　　　B．定期造册归档

C．由企业自行销毁　　　　　　　D．不得向外单位借阅

E．办理了相关手续后方可销毁

三、判断题

1．一次凭证是指只反映一项经济业务的凭证，如领料单。（　　　）

2．累计凭证是指在一定时期内连续记载若干项同类经济业务，其填制手续是随着经济业务发生而分次完成的凭证，如限额领料单。（　　　）

3．汇总原始凭证是指在会计核算工作中，为简化记账凭证编制工作，将一定时期内若干份记录同类经济业务的记账凭证加以汇总，用以集中反映某项经济业务总括发生情况的会计凭证。（　　　）

4．在一笔经济业务中，如果既涉及现金和银行存款的收付，又涉及转账业务时，应同时填制收（或付）款凭证和转账凭证。（　　　）

5．原始凭证是登记日记账、明细账的根据。（　　　）

6．制造费用分配表属于记账编制凭证。（　　　）

7．将记账凭证分为收款凭证、付款凭证、转账凭证的依据是凭证填制的手续和凭证的来源。（　　　）

8．根据账簿记录和经济业务的需要而编制的自制原始凭证是记账编制凭证。（　　　）

9．会计凭证登账后，2年后可销毁。（　　　）

10．根据一定期间的记账凭证全部汇总填制的凭证（如科目汇总表）是一种累计凭证。（　　　）

第五章 会计账簿

◎知识目标

1. 了解账簿的含义、种类及意义。
2. 熟悉账簿的使用规则。
3. 掌握账簿的设置方法和登记方法。

◎能力目标

1. 学会账簿的设置和登记。
2. 熟练应用错账的查找和更正方法。
3. 熟练应用对账和结账。

第一节 账簿概述

由于一张或若干张会计凭证才能反映一笔经济业务，在一定的会计期间内，大量的经济业务处理显得杂乱无章、零星分散，不能系统、连续、全面、综合地反映企业经济业务的全貌，不能给信息使用者提供有效的经济信息，这就需要有一个既能记录每笔经济业务，又能综合反映经济业务全貌的载体——会计账簿。

一、账簿的概念

账簿是由具有一定格式账页组成的，以经过审核的会计凭证为依据，连续、系统、全面、综合地记录各种经济业务的簿籍。

在会计核算过程中，相关人员会根据账簿核算的特点，在完成会计凭证的填制和审核之后，将会计凭证中记载的内容过录到相应的账簿中，通过账簿记录将会计凭证提供的资料进行整理、归纳、分类、汇总，将同类经济业务连续、系统、全面、综合地反映出来。

二、账簿的种类

会计核算中使用的账簿由于用途、结构和格式不同，记录和反映的内容也不完全一

样。为了便于人们了解、掌握和使用各种账簿，需要对账簿进行分类。

1. 按用途分类

账簿按用途可以划分为序时账簿、分类账簿和备查账簿 3 种。

1）序时账簿。序时账簿又称日记账，是按照经济业务发生或完成时间的先后顺序，逐日逐笔进行登记的账簿。日记账又分为普通日记账和特种日记账。例如，企业、行政事业单位都设置的现金日记账和银行存款日记账就属于特种日记账，如图 5-1 所示。

图 5-1　特种日记账

2）分类账簿。分类账簿是按照总分类账户和明细分类账户对全部经济业务进行分类登记的账簿。分类账簿主要有总分类账和明细分类账两类。其中，总分类账是按照总分类账户进行分类登记的账簿。明细分类账是按照明细分类账户进行分类登记的账簿。总分类账是对明细分类账的汇总和统驭。分类账簿如图 5-2 所示。

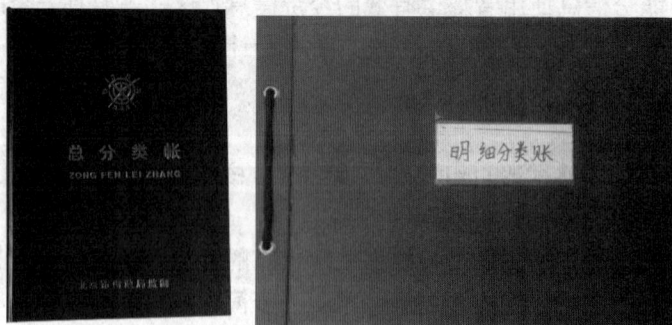

图 5-2　分类账簿

3）备查账簿。备查账簿又称辅助账簿，是对某些序时账簿、分类账簿中未能记载的经济事项进行补充登记的账簿。备查账簿为其他账簿中某些经济业务的记录提供必要的备查资料，如图 5-3 所示。

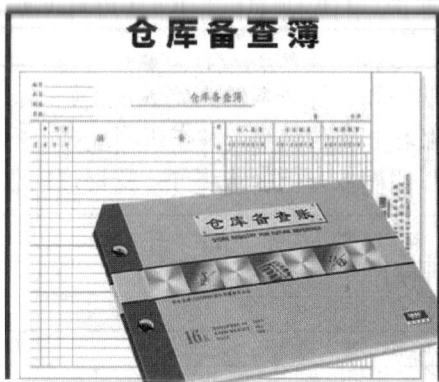

图 5-3　备查账簿

2. 按账簿外表形式分类

1）订本式账簿。订本式账簿是一种在启用前就由一定数量的、顺序编号的账页固定装订成册的账簿，如现金日记账、银行存款日记账、总分类账。

2）活页式账簿。活页式账簿是一种将所需的零散的账页存放于账夹之内，可以随时取放的账簿，如各种明细账。

3）卡片式账簿。卡片式账簿是一种由具有各种格式、使用分散的卡片所组成的账簿，如一些财产物资的实物登记卡等。

3. 按账簿所使用的账页的格式划分

1）三栏式账簿。三栏式账簿是由借、贷、余三栏账页组成的，用于反映某项资金的增加、减少和结余情况及结果，只需进行金额核算的经济业务情况的账簿，如总分类账和应收账款、应付账款等明细账。

2）多栏式账簿。多栏式账簿是由多栏式账页组成的，在借、贷栏目下面再分设若干专栏，用以详细记载某一小类，需进行分项目具体反映经济业务情况的账簿，如制造费用、管理费用、本年利润等明细账。

3）数量金额式账簿。数量金额式账簿是由数量金额式账页组成的，用以具体反映数量、单价、金额三者之间的关系，既需进行金额核算，又需进行数量核算的经济业务情况的账簿，如库存商品、原材料等明细账。

第二节　账簿的使用规则

登记账簿是会计核算的内容之一。为保证所提供的会计核算资料的质量，企业、行政事业单位在使用账簿时必须遵循有关原则，认真做好账簿的登记工作。

一、账簿的启用规则

为保证账簿记录的合法性和会计资料的完整性，明确记账责任，在启用会计账簿时，应在账簿封面上写明账簿名称和单位名称，并在账簿扉页上附账簿启用表，相关内容要求填写清楚并签字盖章，以明确双方的经济责任。账簿启用表如图 5-4 所示。

账 簿 启 用 表									
单位名称	上海佳丽有限公司							单位公章	
账簿编号	总 字 第 1 号 第 1 册 共 1 册								
账簿页数	本 账 簿 共 计 50 页 100 号								
启用日期	2018 年 1 月 1 日								
经管人员		接管			移交		会计负责人		备注
姓名	盖章	年	月	日	年	月	日	姓名	盖章
刘华	刘华							郝强	郝强

图 5-4 账簿启用表

二、账簿的登记规则

为保证账簿记录的客观、准确、完整，会计人员在登记账簿时必须遵循以下规则：

1）内容准确、完整。登记会计账簿时，应当将会计凭证日期、编号、业务内容摘要、金额和其他有关资料逐项记入账内，做到数字准确、摘要清楚、登记及时、字迹工整。每一项会计事项要同时记入总账及其所属的明细账。

2）登记账簿要及时。登记账簿间隔的时间没有统一的规定，总体来说，越短越好。一般情况下，总账可以每隔 3~5 天登记一次；明细账的登记时间间隔要短于总账；日记账和债权债务明细账应按天登记。

3）文字和数字必须整洁、清晰。摘要文字紧靠左线；数字要写在"金额"栏内，不得越格错位、参差不齐；文字、数字紧靠下线书写，上面要留有适当空距，一般应占格宽的 1/2，以备按规定的方法改错。记录金额时，如果角分的位置没有数值，应分别在"角""分"栏内填写"0"，不得省略不写。阿拉伯数字一般可自左向右适当倾斜，以使账簿记录整齐、清晰。

4）墨水的使用。正常记账时要用蓝黑墨水或者碳素墨水书写，不得使用圆珠笔（银行的复写账簿除外）或者铅笔书写。特殊记账时使用红墨水：①按照红字冲账的记账凭证，冲销错误记录；②在不设借、贷等栏的多栏式账页中，登记减少数；③在三栏式账户的"余额"栏前，如未印余额方向，则应在"余额"栏内登记负数余额；④根据国家统一会计制度的规定可以用红字登记的其他会计记录。

5）顺序连续登记。各种账簿应按页次顺序连续登记，不得任意撕毁订本式账簿的

账页。不得随意加衬活页式或卡片式账簿的账页，不得跳行、隔页。如果发生跳行、隔页，应当将空行、空页划线注销，或者注明"此行空白""此页空白"字样，并由记账人员签名或者签章。这对避免在账簿登记中可能出现的漏洞，是一种十分必要的防范措施。若订本式账簿预留账页不够，需跳页登记时，应在末行"摘要"栏内注明"过入第××页"并在新账页第一行"摘要"栏内注明"承××页"。

6）注明记账符号。登记完毕后，要在记账凭证上签名或者签章，并注明已经登账的符号，表示已经记账。在记账凭证上设有专门的栏目供注明记账的符号，以免发生重记或漏记。

7）结出余额。凡需要结出余额的账户，结出余额后应在"借或贷"等栏内写明"借"或者"贷"等字样。没有余额的账户，应当在"借或贷"等栏内写"平"字，并在"余额"栏内用"0"表示。现金日记账和银行存款日记账必须逐日结出余额。一般说来，对于没有余额的账户，在"余额"栏内标注的"0"应当放在"元"位；记录金额时，如为没有角分的整数，应分别在"角""分"栏内写上"0"，不得省略不写，或以"—"线代替。阿拉伯数字一般可自左向右适当倾斜，以使账簿记录整齐、清晰。

8）承前过次。每一账页登记完毕结转下页时，应当结出本页合计数及余额，写在本页最后一行和下页第一行有关栏内，并在"摘要"栏内注明"过次页"和"承前页"字样；也可以将本页合计数及余额只写在下页第一行有关栏内，并在"摘要"栏内注明"承前页"字样。

9）登记发生错误时的更正方法。发现差错必须根据差错的具体情况采用划线更正、红字更正、补充登记等方法更正。

10）定期打印。对于实行会计电算化的单位，应当定期打印总账和明细账，从而保证会计信息的安全和完整。

第三节　账簿的设置和登记方法

一、日记账的设置和登记方法

日记账即序时账，会计核算中使用的日记账都必须按照经济业务发生的时间先后顺序进行登记反映，不得用银行对账单或其他方法代替日记账。下面主要介绍现金日记账和银行存款日记账的设置和登记方法。

1. 现金日记账的设置和登记方法

现金日记账是由出纳人员按照经济业务发生的时间先后顺序，根据有关现金收款凭证和现金付款凭证或从银行提取现金的银行存款付款凭证，逐日逐笔进行登记的账簿。

现金日记账通常使用订本式账簿，采用借、贷、余三栏式账页。具体格式和登记方法如图5-5所示。

现金日记账

2017年 月	日	凭证 字	凭证 号	摘要	对方科目	借方金额 亿	千	百	十	万	千	百	十	元	角	分	贷方金额 亿	千	百	十	万	千	百	十	元	角	分	方向	余额 亿	千	百	十	万	千	百	十	元	角	分	核对
				期初余额																								借				5				0	0	0	0	
09	09	现	0001	支付办公用品																			1		2	0	0	借				4			8	8	0	0	
09	10	现	0002	支付午餐费																			2		4	0	0	借				4			6	4	0	0	
09	11	现	0003	支付午餐费																			5		4	0	0	借				4			1	0	0	0	
09	11	现	0004	收取现金										3	9	6	0												借				4			4	9	6	0	
09	11	现	0004	支付礼品费（月饼）																			3		9	6	0	借				4			1	0	0	0	
09	12	现	0005	支付午餐费																			5		0	0	0	借				3			6	0	0	0	

图 5-5 现金日记账的登记方法

图 5-5（续）

2017年		凭证		摘要	对方科目	借方金额											贷方金额											方向	余额											核对
月	日	字	号			亿	千	百	十	万	千	百	十	元	角	分	亿	千	百	十	万	千	百	十	元	角	分		亿	千	百	十	万	千	百	十	元	角	分	
09	14	现	0006	支付午餐费																			6	6	0	0	借				2	9	4	0	0	
09	14	现	0006	支付餐费																			2	8	0	0	借				2	6	6	0	0	
09	14	现	0006	收取现金								5	8	1	0	0											借				8	4	7	0	0	
09	14	现	0006	支付差旅费									5	8	1	0	0										借				2	6	6	0	0	
09	14	现	0006	收取现金						7	0	0	0	0							7	0	0	0	0		借			7	2	6	6	0	0	
09	14	现	0006	支付广告费																	7	0	0	0	0	借				2	6	6	0	0	
09	14	现	0006	收取现金							4	8	6	0	0						4	8	6	0	0		借			5	1	2	6	6	0	0	
09	14	现	0006	支付朱华账户																			6	0	0	借				2	6	6	0	0	
09	15	现	0007	支付午餐费																			4	8	0	0	借				2	1	8	0	0	

2017年		凭证		摘要	对方科目	借方金额											贷方金额											方向	余额											核对
月	日	字	号			亿	千	百	十	万	千	百	十	元	角	分	亿	千	百	十	万	千	百	十	元	角	分		亿	千	百	十	万	千	百	十	元	角	分	
09	15	现	0007	收取程总现金				5	0					0	0	0												借			7	1					8	0	0	
09	15	现	0007	王总借款															5					0	0	0	0	借			2	1					8	0	0	
09	15	现	0007	收取现金				6	5					0	0	0												借			8	6					8	0	0	
09	15	现	0007	支付公司车辆维修费															3	5				0	0	0	0	借			5	1					8	0	0	
				转次页				1	3	6	3			0	6	0			1	3	6	1			2	6	0	借			5	3					6	0	0	

图 5-5（续）

登记现金日记账时，"日期""凭证字号""摘要"各栏根据记账凭证及所附原始凭证填写；"科目"即"对方科目"根据现金收、付款凭证中库存现金的对应科目填写；"借方"栏和"贷方"栏根据相关凭证中的现金实际收付金额填写，并及时结出余额。每日终了，出纳人员应将余额数与库存现金进行核对，以检查账实是否相符，做到日清日结。

　　2. 银行存款日记账的设置和登记方法

　　银行存款日记账是出纳人员根据有关银行存款的收、付款凭证，按照经济业务发生的时间顺序，逐日逐笔地记录和反映银行存款的增减变化及其结果的账簿。银行存款日记账通常使用订本式账簿，采用借、贷、余三栏式账页。具体格式和登记方法如图 5-6 所示。

银行存款日记账

科目：银行存款　　　　　　　　　　　　　　　　　　　日期：2018-03-01—2018-03-31

2018年 月	日	凭证字号	摘要	借方 (亿千百十万千百十元角分)	贷方 (亿千百十万千百十元角分)	借或贷	余额 (亿千百十万千百十元角分)
			上期结转			借	50000.00
3	5	付 0001	提现		6000.00	借	44000.00
3	5		本日合计		6000.00	借	44000.00
3	11	付 0003	购入机器设备		11700.00	借	32300.00
3	11		本日合计		11700.00	借	32300.00
3	12	付 0004	购入A材料		23400.00	借	8900.00
3	12		本日合计		23400.00	借	8900.00
3	18	付 0006	购专利技术		5000.00	借	3900.00
3	18		本日合计		5000.00	借	3900.00
3	25	收 0001	销售甲产品	46800.00		借	50700.00
3	25		本日合计	46800.00		借	50700.00
3	28	收 0002	销售乙产品	11700.00		借	62400.00
3	28		本日合计	11700.00		借	62400.00
3			当前合计	58500.00	46100.00	借	62400.00
3			当前累计	58500.00	46100.00	借	62400.00

图 5-6　银行存款日记账

银行存款日记账的登记方法和库存现金日记账的登记方法基本相同。期末，应将本单位的银行存款日记账与开户银行转来的对账单进行逐笔核对，以检验企业银行存款日记账的记录是否正确。

二、分类账的设置和登记方法

1. 总分类账的设置和登记方法

总分类账通常使用订本式账簿，采用借、贷、余三栏式账页。由于各单位采用的会计核算程序不同，登记总账的方法也略有区别。

1）可直接根据记载经济业务的收、付、转凭证及所附原始凭证逐日逐笔登记，如图5-7所示。

总 分 类 账

一级科目：____管理费用____

2017		凭证		摘要	借方										核对	贷方										核对	借或贷	余额										核对
月	日	种类	号数		亿	千	百	十	万	千	百	十	元	角	分		亿	千	百	十	万	千	百	十	元	角	分			亿	千	百	十	万	千	百	十	元	角	分	
4	12	银付	2	支付办公费水电费				1	6	0	0	0	0																借				1	6	0	0	0	0		
4	13	转	3	领料				3	0	0	0	0	0																借				4	6	0	0	0	0		
4	30	转	4	分配工资				7	0	0	0	0	0																借			1	1	6	0	0	0	0		
4	30	转	5	计提职工福利					9	8	0	0	0																借			1	2	5	8	0	0	0		
4	30	转	6	计提折旧				1	6	0	0	0	0																借			1	4	1	8	0	0	0		
4	30	转	11	结转本月费用支出																1	4	1	8	0	0	0			平											
				本月合计																									平											
				过次页																																			

图 5-7　总分类账

2）可按不同的汇总方法，定期将有关记账凭证进行归类汇总，编制成科目汇总表，根据科目汇总表登记总账，如图 5-8 所示。

"库存现金"总分类账

账号		总	
页次		页	

2017年		凭证		摘要	日期	借方									贷方									借或贷	余额								
月	日	种类	号数			百	十	万	千	百	十	元	角	分	百	十	万	千	百	十	元	角	分		百	十	万	千	百	十	元	角	分
				承前页			2	1	7	4	4	1	0	0		2	1	6	3	1	1	0	0	借			1	1	3	0	0	0
11	20	记汇	32	11-20发生额				1	9	2	0	0	0	0			2	0	1	0	0	0	0	借				2	3	0	0	0
	30	记汇	33	21-30日发生额					1	0	1	0	0	0										借				1	2	4	0	0	0
12	10	记汇	34	1-10日发生额					1	0	8	0	0	0					9	0	0	0	0					1	4	2	0	0	0
	20	记汇	35	11-20日发生额				1	7	2	8	0	0	0			1	8	0	9	0	0	0	借					6	1	0	0	0
	31	记汇	36	21-31日发生额						9	0	9	0	0										借				1	5	1	9	0	0
				本年合计			2	5	6	9	2	0	0	0		2	5	5	4	0	1	0	0	借				1	5	1	9	0	0
				结转下年																													

图 5-8　"库存现金"总分类账

2. 明细分类账的设置和登记方法

明细分类账简称明细账。明细分类账提供详细、具体的会计核算资料，对总分类账中记载的总括资料起补充、辅助作用。通常对财产物资、债权、债务、收入、费用等总分类账按照经济业务活动的实际需要设置相应的明细分类账。根据经济业务活动的特点及记载反映的需要，明细分类账一般使用活页账，可采用三栏式账页、数量金额式账页、多栏式账页、横线登记式账页进行登记。

（1）三栏式明细分类账

三栏式明细分类账的格式与总分类账的格式相同，也使用"借方""贷方""余额"三栏式账页，适用于如应收账款、应付账款、短期借款等只需对金额进行核算分析的经济业务。具体如图 5-9 所示。

（2）数量金额式明细分类账

数量金额式明细分类账基本结构是在三栏式账页的"借方""贷方""余额"下面又分别设置"数量""单价""金额"3 个栏目，适用于如原材料、库存商品等既需要进行金额核算，又需要进行实物数量核算的经济业务。具体如图 5-10 所示。

"应收账款"三栏式明细分类账

明细科目：宏达公司   单位：元

2018年 月	日	凭证号数	摘要	借方	贷方	方向	余额
5	1		期初余额			借	4 000.00
5	5	记-0002	赊销商品	2 000.00		借	6 000.00
5	11	记-0006	收回欠货款		3 000.00	借	3 000.00
5	16	记-0013	赊销商品	50 000.00		借	53 000.00
5	20	记-0020	收回欠货款		2 000.00	借	51 000.00
5	31		本月合计	52 000.00	5 000.00	借	51 000.00

图 5-9 三栏式明细分类账示例

"库存商品"明细分类账

最高存量   总第   页
最低存量   分第   页
编号   页

产地_____   单位___件___   规格_____   品名___甲___

2018年 月	日	凭证 字	号	摘要	借方 数量	单价	金额	贷方 数量	单价	金额	余额 数量	单价	金额
6	1			期初余额							35	200	7 000 00
	30		37	结转完工入库成本	2 000	200	40 000 00				2 035	200	40 700 00
	30		38	结转销售成本				700	200	14 000 00	1 335	200	26 700 00
6				本期发生额与期末余额	2 000	200	40 000 00	700	200	14 000 00	1 335	200	26 700 00

图 5-10 数量金额式明细分类账示例

（3）多栏式明细分类账

多栏式明细分类账，一般在"借方"或"贷方"栏下设立若干专栏，也可以在"借方""贷方"栏下分别设立若干栏，以便具体、详细地记录反映某项资金的增减变动情况。它主要适用于成本、费用等需要详细核算分析其组成、消耗情况的经济业务。具体如图 5-11 和图 5-12 所示。

（4）横线登记式明细分类账

横线登记式明细分类账采用在同一账页的同一行分设若干栏，详细地记载一项经济业务从发生到结束的有关内容，适用于如"材料采购""应收票据""其他应收款"等明细分类账。具体如图 5-13 所示。

"制造费用"明细分类账

会计科目或编号：　　　　　　　　　　　　　　　　　　　　　总第　　页
子目、户名或编号：　　　　　　　　　　　　　　　　　　　　分第　　页

2018 年		记账凭证		摘要	借方						贷方	余额
月	日	类别	号数		办公费	水电费	材料费	折旧费	职工薪酬	合计		
5	12	付	6	购买办公用品	2 000					2 000		2 000
	21	付	9	支付水电费		14 500				14 500		16 500
	31	转	3	分配材料费			750			750		17 250
	31	转	4	计提折旧				20 820		20 820		38 070
	31	转	5	分配工资费用					4 630	4 630		42 700
	31	转	6	计提福利费					648.2	648.2		43 348.2
	31	转	8	分配制造费用							43 348.2	0
	31			本月合计	2 000	14 500	750	20 820	5 278.2	43 348.2	43 348.2	0

图 5-11　多栏式明细分类账示例（1）

"管理费用" 明细分类账

科目：

2017年		凭证		摘要	借方	贷方	余额	电话费	招待费	办公费	差旅费	公司经费	水电费	工资及福利费	工会经费	职工教育经费	折旧费	无形资产摊销
月	日	字	号															
12	1			期初余额			2 532 000	86 325	640 000	245 800	398 000	290 800	125 000	388 740	6 820	5 115	125 400	220 000
	3	记	6	11月份电话费	2 355		2 534 355	2 355										
	5	记	9	招待费和办公费	998		2 535 353		840	158								
	6	记	13	报销差旅费	4 370		2 539 723				4 370							
	11	记	22	列支卫生费	500		2 540 223					500						
	25	记	46-2	材料定额内损耗	1 004		2 541 227					1 004						
	31	记	49	12月份水电费	8 000		2 549 227						8 000					
	31	记	50	行政人员工资	31 000		2 580 227							31 000				

图 5-12 多栏式明细分类账示例 (2)

2017年		凭证		摘要	借方	贷方	余额	电话费	招待费	办公费	差旅费	公司经费	水电费	工资及福利费	工会经费	职工教育经费	折旧费	无形资产摊销
月	日	字	号															
	31	记	51-1	行政人员福利费	4 340		2 584 567							4 340				
	31	记	51-2	提取工会经费	620		2 585 187								620			
	31	记	51-3	提取职工教育经费	465		2 585 652									465		
	31	记	53	固定资产折旧费	11 400		2 597 052										11 400	
	31	记	57	无形资产摊销	32 500		2 629 552											32 500
	31	记	63-1	结转至本年利润		2 629 552	0	2 355	840	158	4 370	1 504	8 000	35 340	620	465	11 400	32 500
12	31			本月合计	97 552	2 629 552	0	2 355	840	158	4 370	1 504	8 000	35 340	620	465	11 400	32 500
12	31			本年累计	97 552	2 629 552	0	88 680	640 840	245 958	402 370	292 304	133 000	424 080	7 440	5 580	136 800	252 500

图 5-12 (续)

"其他应收款——备用金"明细分类账

第 1 页
连续第 页

2018年		凭证		摘要	借方			年		凭证	摘要	贷方			余额
月	日	字	号		原借	补付	合计	月	日			报销	退还	合计	
5	1			期初余额	2 000		2 000	5	3	收60	收回借款	1 800	200	2 000	0

图5-13 横线登记式明细分类账示例

三、备查账簿的设置和登记方法

备查账簿是一种辅助账簿。通过这种账簿可以为企业、行政事业单位的经济活动、经营管理的需要提供必要的补充资料。它一般没有固定格式,各单位可以根据实际管理需要设计相应的项目内容,如表5-1所示。

表5-1 备查账簿

名称	规格	租出单位	租入日期	租金	使用地点	备注

<h1 style="text-align:center">第四节 对账和错账更正</h1>

一、对账

对账就是核对账目。在实际工作中,即使我们对填制凭证、记账、算账、计算的过程很认真，也难免出现差错。因此，在结账前后，要通过对账将有关账簿记录进行核对，确保会计核算资料的正确性和完整性，为编制会计报表提供真实可靠的数据资料。对账一般包括账证核对、账账核对、账实核对 3 个方面。

1. 账证核对

账证核对是指核对会计账簿记录与原始凭证、记账凭证的时间、凭证字号、内容、金额是否一致，记账方向是否相符。为了保证账实相符，必须将账簿记录同有关会计凭证相核对。例如，日记账与收、付款凭证相核对，总账与记账凭证相核对，明细账与记账凭证或原始凭证相核对。通常，这些工作是在日常制证和记账过程中进行的。账证相符是保证账账相符、账实相符的基础。

2. 账账核对

账账核对是指核对不同会计账簿之间的账簿记录是否相符。为了保证账账相符，必须将各种账簿之间的有关数据相核对。具体核对内容包括：

1）总分类账与有关账户的余额核对。全部账户的期末借方余额合计数应等于全部账户的期末贷方余额合计数。

2）总分类账与所属明细分类账核对。总分类账的期末余额应与所属明细分类账户期末余额之和相符。

3）总分类账与日记账核对。现金日记账和银行存款日记账期末余额应分别同有关总分类账户的期末余额核对相符。

4）明细分类账之间的核对。会计部门各种财产物资明细分类账的期末余额应与财产物资保管或使用部门有关明细分类账的期末余额核对相符。

3. 账实核对

账实核对是指各项财产物资、债权债务等账面余额与实有数额之间的核对。具体核对内容包括：

1）现金日记账账面余额与库存现金数额是否相符。（逐日核对）

2）银行存款日记账账面余额与银行对账单的余额是否相符。（定期核对）

3）各种财产物资明细账账面余额与财产物资的实有数额是否相符。（定期核对）

4）有关债权债务明细账与对方单位的账面记录是否相符。（定期核对）

二、错账更正

在记账过程中，可能因为各种原因使账簿记录发生错误。对于发生的错误记录，应该采取正确、规范的方法予以更正，不得涂改、挖补、刮擦或用药水涂抹字迹，不准重新抄写。错账更正方法一般有划线更正法、补充登记法、红字更正法 3 种。

1．划线更正法

根据记账凭证已登记入账，但在结账前发现账簿记录有金额或金额方向的错误，而记账凭证没有错误的情况下，采用划线更正法更正，如图 5-14 所示。划线更正法的步骤如下：

1）在账簿中错误的金额上面画一条红线，以示注销。

2）金额大小错误的，在错误金额的上方空白处用蓝色或黑色笔书写正确的金额；方向错误的，在另一方向"金额"栏内写上正确的金额。

3）由记账及相关人员在更正处盖章以示负责。

总 分 类 账

科目： 库存现金

2017年		凭证		摘要	借方										√	贷方										√	借或贷	余额										√
月	日	字	号		亿	千	百	十	万	千	百	十	元	角	分		亿	千	百	十	万	千	百	十	元	角	分		亿	千	百	十	万	千	百	十	元	角	分	
1	1			上年结转																								借						1	2	4	2	0	0	
	1	银付	1	提现备发工资				3	5	0	0	0	0	0														借					3	6	2	4	2	0	0	
	1	现付	1	支付工资																	3	2	0	0	0	0		借						4	2	4	2	0	0	
	1	现付	2	购买办公用品																			1	2	5	0		借						4	1	1	7	0	0	
	1	现收	1	报销差旅费					2	4	8	0	0															借						4	1	6	5	0	0	
	1	现付	3	支付业务招待费																		2	7	6	3	0		借						1	4	0	2	0	0	
																						2	7	3	6	0														
																				宋 秋																			

(a)

正确	错误
3190.00	3190.00
~~3910.00~~	3910.00

(b)

图 5-14　划线更正法示例

2. 补充登记法

记账后发现记账凭证填写的金额小于原始凭证上的金额，会计科目无误，并据以登记了账簿的情况下（即金额少记），采用补充登记法更正。补充登记法的步骤如下：

1）按少记的金额用蓝字再填制一张记账凭证。与原始凭证所记的会计科目、记账方向相同的记账凭证。

2）填制记账凭证中少记的部分。

3）填制记账凭证中，"摘要"栏注明"更正××凭证"。

4）用蓝字据以过账。

例如，记账时误将"9 000"记为了"900"，如图5-15所示。

制 造 费 用

总第　　页　　分第　　页

户名或编号：

2017年		记账凭证		摘要	对应科目	借方	✓	贷方	借或贷 ✓	余额
月	日	类别	号数			百十亿千百十万千百十元角分		百十亿千百十万千百十元角分		百十亿千百十万千百十元角分
12	3	付	2	购买车间办公用品	现金	1 0 0 0 0 0				
	10	转	6	领用甲材料	原材料	9 0 0 0 0				
	31	转		补记12月10日转字第6号凭证少记金额	原材料	8 1 0 0 0 0				

图 5-15　补充登记法示例

3. 红字更正法

红字更正法，又称赤字冲账法（金额用红字），主要用于由于记账凭证上的错误导致账簿记录也发生相应的错误。一般有两种错误情况发生：一是金额多记；二是会计科目运用错误。

（1）金额多记

金额多记是指记账后发现记账凭证会计科目无误而所记金额大于应计金额，从而导致账簿记录也发生相应的错误。更正步骤如下：

1）再填制一张记账凭证，多记的金额用红字填写，会计科目及方向与原记账凭证相同。

2）在"摘要"栏内注明"冲销××号凭证多记金额"。

3）据以红字登记入账即可。

例如，5月3日的应付账款，应记入"1 000"，却记为了"10 000"，多记了"9 000"，红字更正法处理如图5-16所示。

总第＿＿＿＿页　分第＿＿＿＿页
级科目编号及名称　红星材料厂　　**应 付 账 款**
级科目编号及名称＿＿＿＿

2018 年		凭证		摘要	日期	借方										贷方										借或贷	余额									
月	日	种类	号数			百	十	万	千	百	十	元	角	分	百	十	万	千	百	十	元	角	分		百	十	万	千	百	十	元	角	分
5	1			期初余额																				贷			1	0	0	0	0	0	0
5	3	记	6	偿付前欠贷款				1	0	0	0	0	0	0										平					0	0	0
5	5	记	10	冲销5月3日多记金额				9	0	0	0	0	0	0										贷				9	0	0	0	0	0

图5-16　红字更正法示例

（2）会计科目运用错误

会计科目运用错误是记账后发现记账凭证中会计科目运用错误，从而导致账簿记录也发生相应的错误，如图5-17和图5-18所示。

更正步骤如下：

1）先用红字填制一张与原错误凭证相同的记账凭证。

2）在"摘要"栏注明"冲销××号凭证"。

3）用红字登记入账，冲销原来的错误记录。

4）用蓝字填制一张正确的记账凭证，"摘要"栏内注明"更正××凭证"，并用蓝字据以登记入账。

转 账 凭 证

2018 年 5 月 31 日   转字第 44 号

摘要	总账科目	明细科目	记账√	借方金额										记账√	贷方金额									
				千	百	十	万	千	百	十	元	角	分		千	百	十	万	千	百	十	元	角	分
结转利润	本年利润					2	7	2	5	3	5	4	0											
	利润分配	未分配利润															2	7	2	5	3	5	4	0
合计					¥	2	7	2	5	3	5	4	0			¥	2	7	2	5	3	5	4	0

附件 张

会计主管:赵云   记账:张宇   审核:曹飞   制单:张涛

图 5-17 登记错误的转账凭证

总 分 类 账

科目名称 _____ 利润分配 _____

2018 年		凭证编号	摘要	借方										贷方										借或贷	余额									
月	日			千	百	十	万	千	百	十	元	角	分	千	百	十	万	千	百	十	元	角	分		千	百	十	万	千	百	十	元	角	分
5	31		略																					平								0	0	0
	31	转 44	结转利润				2	7	2	5	3	5	4	0											借				2	7	2	5	3	5	4	0
	31	转 45	冲销转字第 44 号凭证				2	7	2	5	3	5	4	0											平								0	0	0
	31	转 46	结转利润															2	7	2	5	3	5	4	0	贷				2	7	2	5	3	5	4	0

图 5-18 登记错误的总分类账更正示例

第五节 结 账

结账是一项将账簿记录定期结算清楚的会计核算工作。通常在一定时期终止日(月末、季末或年末)时,结账的内容通常包括两个方面:一是结清各种损益类账户,并据以计算确定本期利润;二是结清各资产、负债和所有者权益类账户,分别结出本期发生额合计和余额。

一、结账的步骤

结账的步骤如下:

1)将本期发生的经济业务事项全部登记入账,并进行账证、账账核对,保证其正

确性。

2）根据权责发生制的要求，调整有关账项，合理确定本期应计的收入和应计的费用。

3）将损益类科目转入"本年利润"账户，结平所有损益类账户。

4）结算出资产、负债和所有者权益类科目的本期发生额和余额，并结转下期。

> **小 贴 士**
>
> 在结账过程中，一般需按上述结账步骤顺序进行，否则账务结算不出来或会计信息不准确。

二、结账的方法

结账时应当根据不同的账户分别采用不同的方法。

1. 不需按月结计本期发生额的账户

对于不需按月结计本期发生额的账户，如各项应收账款明细账和各项财产物资明细账等，每次记账以后，都要随时结出余额，每月最后一笔余额即为月末余额。月末结账时，只需要在最后一笔经济业务记录之下通栏画一条单红线，不需再结计一次余额，如图 5-19 所示。

应收账款——红星公司

账号		总	
页次		页	

2017年		凭证		摘要	日期	借方									贷方									借或贷	余额								
月	日	种类	号数			百	十	万	千	百	十	元	角	分	百	十	万	千	百	十	元	角	分		百	十	万	千	百	十	元	角	分
				承前页																				借			4	0	0	0	0	0
11	07	记	15	收到货款，存入银行													4	0	0	0	0	0	平							0		
	08	记	23	销售产品，款未收					9	3	0	1	5	0										借				9	3	0	1	5	0
	14	记	43	收到货款，存入银行														9	3	0	1	5	0	平							0		
	20	记	55	销售产品，款未收					2	8	2	5	5	0										借				2	8	2	5	5	0
	25	记	63	收到货款，存入银行														2	8	2	5	5	0	平							0		
12	08	记	21	销售产品，款未收					1	0	5	3	0	0										借				1	0	5	3	0	0
	26	记	65	销售产品，款未收					1	9	4	2	2	0										借				1	9	4	2	2	0

图 5-19 不需按月结计本期发生额的账户结算示例

2. 现金、银行存款日记账和需要按月结计发生额的账户

对于现金、银行存款日记账和需要按月结计发生额的收入、费用等明细账户，每月结账时，要结出本月发生额和余额，在"摘要"栏注明"本月合计"字样，并在下面通栏画一条单红线，如图 5-20 所示。

现 金 日 记 账

2018年		凭证		摘要	对应科目	借方									√	贷方									√	余额								
月	日	编号	种类			百	十	万	千	百	十	元	角	分		百	十	万	千	百	十	元	角	分		百	十	万	千	百	十	元	角	分
1	1			上年余额																								1	0	0	0	0	0	0
1	5			银行提取备用金					2	0	0	0	0	0														1	2	0	0	0	0	0
	6			付行政部购办公用品费																3	5	0	0	0				1	1	6	5	0	0	0
1	30			本月合计					2	0	0	0	0	0						3	5	0	0	0				1	1	6	5	0	0	0
2	2			李全报销差旅费																5	8	0	0	0				1	1	0	7	0	0	0
	3			付1月份电话费																	7	0	0	0				1	0	3	7	0	0	0
2	28			本月合计								0	0	0					1	2	8	0	0	0				1	0	3	7	0	0	0

图 5-20 现金日记账的结算示例

3. 需要结计本年累计发生额的账户

对于需要结计本年累计发生额的某些明细账户，如产品销售收入、成本明细账等，需要按月累计和全年累计。

1）按月累计。每月结账时，应在"本月合计"行下结出自年初起至本月末止的累计发生额，登记在"本月合计"行下，在"摘要"栏内注明"本年累计"字样，并在下面通栏画一条单红线。

2）全年累计。12月末的"本年累计"是全年累计发生额，全年累计发生额下通栏画双红线。

具体如图5-21所示。

主营业务收入——甲产品

账号 ＿＿＿ 总页 ＿＿＿
页次 ＿＿＿ 页 ＿＿＿

月	日	种类	号数	摘要	日期	借方 百	十	万	千	百	十	元	角	分	贷方 百	十	万	千	百	十	元	角	分	借或贷	余额 百	十	万	千	百	十	元	角	分
				承前页			3	5	7	2	1	0	0	0		3	7	4	9	1	0	0	0	贷			1	7	7	0	0	0	0
11	24	记	60	销售产品，收到部分货款														3	7	5	0	0	0	贷			2	1	4	5	0	0	0
	26	记	65	销售产品，款未收														3	0	0	0	0	0	贷			2	4	4	5	0	0	0
	29	记	69	销售产品，货款收存银行													1	2	0	0	0	0	0	贷			3	6	4	5	0	0	0
	30	记	81	结转本月收入				3	6	4	5	0	0	0										平								0	
	30			本月合计				3	6	4	5	0	0	0			3	6	4	5	0	0	0	平								0	
	30			本年累计			3	9	3	6	6	0	0	0		3	9	3	6	6	0	0	0	平								0	
12	13	记	39	销售产品，货款收存银行													1	5	8	4	0	0	0	贷			1	5	8	4	0	0	0
	16	记	46	销售产品，款未收														5	4	0	0	0	0	贷			2	1	2	4	0	0	0
	20	记	51	销售产品，款未收														5	4	0	0	0	0	贷			2	6	6	4	0	0	0
	22	记	59	销售产品，收到部分货款														3	9	6	0	0	0	贷			3	0	6	0	0	0	0
	26	记	65	销售产品，款未收														3	0	0	0	0	0	贷			3	3	6	0	0	0	0
	28	记	72	销售产品，货款收存银行													1	4	4	0	0	0	0	贷			4	8	0	0	0	0	0
	31	记	81	结转本月收入				4	8	0	0	0	0	0										平								0	
	31			本月合计				4	8	0	0	0	0	0			4	8	0	0	0	0	0	平								0	
	31			本年累计			4	4	1	6	6	0	0	0		4	4	1	6	6	0	0	0	平								0	

图 5-21 需要结计本年累计发生额的账户结算示例

4. 总分类账账户

1）月度结账。月度结账时，所有有发生额的总分类账账户每月需要结出"本月合计"和月末余额，在"摘要"栏内注明"本月合计"字样，并在下面通栏画一单红线。

2）年终结账。年终结账时，将所有总分类账账户结出全年发生额和年末余额，在"摘要"栏内注明"本年合计"字样，并在合计数下面通栏画双红线。

3）年度余额结转。年度终了结账时，有余额的账户，要将其余额结转下年，并在"摘要"栏注明"结转下年"字样，如图 5-22 所示；在下一会计年度新建有关会计账户的第一行"余额"栏内填写上年结转的余额，并在"摘要"栏注明"上年结转"字样。

库 存 现 金

账号 _____ 总页 _____
页次 _____ 总页 _____

2017年月	日	种类	号数	摘要	日期	借方百	十	万	千	百	十	元	角	分	贷方百	十	万	千	百	十	元	角	分	借或贷	余额百	十	万	千	百	十	元	角	分
				承前页			2	1	7	4	4	1	0	0		2	1	6	3	1	1	0	0	借				1	1	3	0	0	0
11	20	记汇	32	11-20日发生额					1	9	2	0	0	0			2	0	1	0	0	0	0	借					2	3	0	0	0
	30	记汇	33	21-30日发生额					1	0	1	0	0	0										借				1	2	4	0	0	0
12	10	记汇	34	1-10日发生额					1	0	8	0	0	0						9	0	0	0	0	借				1	4	2	0	0	0
	20	记汇	35	11-20日发生额					1	7	2	8	0	0			1	8	0	9	0	0	0	借					6	1	0	0	0
	31	记汇	36	21-31日发生额						9	0	9	0	0										借				1	5	1	9	0	0
				本年合计			2	5	6	9	2	0	0	0		2	5	5	4	0	1	0	0	借				1	5	1	9	0	0
				结转下年																													

图 5-22　总账账户结算示例

第六节　账簿的更换和保管

会计账簿是企业的重要会计档案，在实际会计核算工作中，要及时更换和妥善保管。

一、账簿的更换

1. 每年更换一次

总分类账、日记账和多数明细分类账应每年更换一次。每年1月上旬，将上年度各账户中的年末余额直接计入新账页的第一行"余额"栏内，同时在"摘要"栏内注明"上年结转"字样。

2. 不需每年更换的账簿

有些财产物资明细账、各种备查账可以连续使用，不必每年更换。

二、账簿的保管

会计账簿、会计凭证和会计报表等都是企业重要的经济档案和历史资料，必须妥善保管，不得任意丢失和销毁。

课后练习

一、单项选择题

1. 日记账最大的特点是（　　　）。

    A. 按现金和银行存款分别设置账户

    B. 可以提供现金和银行存款的每日发生额

    C. 可以提供现金和银行存款的每日静态、动态资料

    D. 逐日逐笔顺序登记并每日结出余额

2. 总分类账、现金日记账和银行存款日记账应采用（　　　）。

    A. 活页账　　　　B. 订本账　　　　C. 卡片账　　　　D. 以上均可

3. （　　　）采用三栏式明细账。

    A. "应收账款"明细账　　　　　　B. "营业外收入"明细账

    C. "管理费用"明细账　　　　　　D. "原材料"明细账

4. 在结账前，若发现记账凭证中所记金额大于应计金额，而应借应贷没有错误，并已过账，应用（　　　）更正。

    A. 红字更正法　　B. 补充登记法　　C. 划线更正法　　D. 涂改更正法

5. （　　　）能够为编制会计报表提供依据。

    A. 填制和审核原始凭证　　　　　B. 编制记账凭证

    C. 设置和登记账簿　　　　　　　D. 编制会计分录

6. 卡片账一般适用于账页需要随着财产物资的使用或存放地点的转移而重新排列的明细账，如（　　　）。

    A. "应收账款"明细账　　　　　　B. 现金日记账

    C. "固定资产"总分类账　　　　　D. "固定资产"明细账

7. （　　　）采用多栏式明细账。

    A. "生产成本"明细账　　　　　　B. "应付利息"明细账

    C. "预付账款"明细账　　　　　　D. "原材料"明细账

8. 在结账前，若发现记账凭证中所记金额小于应计金额，并已过账，应用（　　　）。

    A. 红字更正法　　B. 补充登记法　　C. 划线更正法　　D. 涂改更正法

9. 下列对账工作中属于账实核对的是（　　　）。

A. 企业银行存款日记账与银行对账单核对

B. 总分类账与所属明细分类账核对

C. 会计部门的财产物资明细账与财产物资保管部门的有关明细账核对

D. 总分类账与日记账核对

10. 以下不属于会计账簿的基本内容的有（　　　）。

A. 封面　　　　　　　　　　B. 扉页

C. 账页　　　　　　　　　　D. 借方、贷方和余额

二、多项选择题

1. 账簿按用途分为（　　　）。

A. 备查账　　B. 明细分类账　　C. 总分类账　　D. 序时账

2. 明细分类账的账页格式主要有（　　　）。

A. 三栏式　　B. 多栏式　　C. 数量金额式　　D. 横线登记式

3. 下列明细分类账账页格式应采用数量金额式的是（　　　）。

A. 原材料　　B. 库存商品　　C. 应收账款　　D. 周转材料

4. 采用多栏式明细账的有（　　　）。

A. "生产成本"明细账　　　　B. "主营业务收入"明细账

C. "制造费用"明细账　　　　D. "本年利润"明细账

5. 对账包括（　　　）。

A. 账证核对　　B. 账账核对　　C. 账实核对　　D. 账表核对

三、判断题

1. 对于会计账簿的更换，一些变动较小的明细账，可以连续使用，不必每年更换。（　　）

2. 为便于管理，"应收账款""应付账款"明细账必须采用多栏式明细账格式。（　　）

3. 在明细账的核算中，只需要进行金额核算的，必须使用三栏式明细账。（　　）

4. 办理月结，应在各账户最后一笔记录下面画一条通栏红线，在红线下计算出本月发生额及月末余额，并在"摘要"栏注明"本月合计"或"本月发生额及余额"字样，然后在下面再画一条蓝线。（　　）

5. 年度结账后，对于发生额很少的总分类账，不必更换新的账簿。（　　）

第六章　主要经济业务的账务处理

◎ **知识目标**

1. 了解企业经营活动的基本流程，熟悉资金在经营活动中的循环过程。
2. 掌握资金筹集、供应过程、生产过程、销售过程、利润形成及分配、成本计算等业务的会计核算方法。
3. 掌握主要会计账户的设置及使用。

◎ **能力目标**

1. 能够对资金筹集、供应过程、生产过程、销售过程、利润形成及分配、成本计算等业务进行会计处理。
2. 能够设置和使用企业会计系统的主要会计账户。

第一节　筹集资金业务的账务处理

企业开展生产需要购买原材料、建造厂房等建筑物、购置各种机器设备，以及持有一定数量的流动资金开展经营活动。因此，企业在经营之初必须首先筹集一定数量的资金作为原始资本。

一般情况下，企业的资金来源有外部筹集和内部积累两种渠道。外部筹集资金主要指企业股东投入的资金和向债权人借入的资金，是通过非生产经营活动得到的。外部筹资按其来源可以分为股权筹资和负债筹资两类。

一、股权筹资的核算

投资者投入企业的资金是股权筹资的主要形式，股权筹资按其投资主体不同，可分为国家投入资本、法人投入资本、个人投入资本和外商投入资本。投资方式可采用货币资金、实物、无形资产等。无论采取哪种形式，都会导致企业资产和所有者权益同时增加。

1. 设置的主要账户

（1）"银行存款"账户

"银行存款"账户是资产类账户，用来核算企业存放在银行的款项。"银行存款"账户借方登记存款的增加数；贷方登记存款的减少数；期末余额在借方，表示银行存款结存额。

（2）"实收资本"账户

实收资本是指投资者按照企业章程或合同约定实际投入企业的资本，它属于企业的所有者权益。除股份有限公司对股东投入资金应设置"股本"账户外，其他企业均应设置"实收资本"账户，核算企业实际收到的投资人投入的资本。"实收资本"账户的借方登记资本的转出数；贷方登记资本的投入数；期末余额在贷方，表示企业实际收到的资本额。

（3）"资本公积"账户

"资本公积"账户属于所有者权益类账户，该账户贷方反映投资者投入资本超过其在企业注册资本中应享有份额的溢价部分及其他原因引起的资本公积的增加额。该账户的借方反映企业按照法定程序将资本公积转增资本或其他原因引起的资本公积减少的数额；期末余额在贷方，表示企业实际拥有的资本公积数额。

（4）"固定资产"账户

"固定资产"账户是资产类账户，用来核算企业持有固定资产的原始价值。借方登记增加的固定资产原始价值，贷方登记减少的固定资产原始价值，期末余额在借方，表示现有的固定资产原始价值。

（5）"无形资产"账户

"无形资产"账户是资产类账户，用来核算企业持有的无形资产成本，包括专利权、非专利技术、商标权、著作权、土地使用权等。借方登记无形资产的增加数，贷方登记无形资产的减少数，期末余额在借方，表示无形资产的实有数。

2. 账务处理

本章以红星公司发生业务为例。

【例6-1】2018年5月1日，红星公司成立，华南公司投入资金6 000 000元，款项已存入红星公司开户行。

这是一项引起资产和所有者权益同时增加的业务。对于投资者华南公司而言，拥有了在今后索取相当投入资金数额的资产索取权；从企业的角度看，为其所有者权益。投资者以银行存款的形式向企业投资，企业的资产增加，记入"银行存款"账户借方；同时，企业的所有者权益同时增加，记入"实收资本"账户贷方。编制会计分录如下：

借：银行存款　　　　　　　　　　　　　　　　　　　　　6 000 000

    贷：实收资本——华南公司   6 000 000

  【例6-2】2018年5月5日，长庆公司依据协议作为红星公司的新增投资者出资150 000元作为投资，其中50 000元作为资本溢价，已经存入银行。

  长庆公司向红星公司投入了150 000元，这意味着红星公司的银行存款增加了150 000元。同时，根据协议约定，其实收资本将会增加100 000元，记入"实收资本"账户贷方，另外的50 000元应记入"资本公积"账户的贷方。编制会计分录如下：

  借：银行存款   150 000

    贷：实收资本——长庆公司   100 000

      资本公积   50 000

  【例6-3】2018年5月7日，红星公司收到北方公司以商标权作为资产的投资，经专家评估确认的价值为100 000元。

  该业务的发生，引起公司无形资产增加，应记入"无形资产"账户的借方；同时所有者权益也增加，应记入"实收资本"账户的贷方。编制会计分录如下：

  借：无形资产——商标权   100 000

    贷：实收资本——北方公司   100 000

  【例6-4】2018年5月9日，红星公司接受北新公司投入的机器设备一台，双方协商按设备的账面原始价值200 000元作为投入资本入账。

  该业务的发生，引起公司固定资产的增加，应记入"固定资产"账户的借方；同时所有者权益也增加，应记入"实收资本"账户的贷方。编制会计分录如下：

  借：固定资产   200 000

    贷：实收资本——北新公司   200 000

小 贴 士

  股权筹资的基本账务处理：

  借：银行存款（无形资产、固定资产等）

    贷：实收资本——××公司

      资本公积

二、负债筹资的核算

  负债筹资主要通过向银行或其他金融机构借款、发行债券等形式筹集资金。借款是指依法筹集、依约使用、到期偿还本息的资金。按偿还期限不同，借款可分为短期借款和长期借款两类。借款需依照相关规定办理手续，按期支付利息，到期归还本金。

  1. 设置的主要账户

  （1）"短期借款"账户

  短期借款是指企业在生产经营过程中，由于季节性、生产经营周转的需要向银行或

或其他金融机构借入的、偿还期限在 1 年以下（含 1 年）的各种借款，其按偿还期限的长短划入流动负债。"短期借款"账户的贷方登记短期借款增加数；借方登记短期借款减少数；期末余额在贷方，表示企业尚未归还的短期借款额。

（2）"长期借款"账户

长期借款是指企业向银行或其他金融机构借入的、偿还期限在 1 年以上（不含 1 年）的各种借款，其按偿还期限的长短划入非流动负债。"长期借款"账户的贷方登记长期借款增加数；借方登记长期借款减少数；期末余额在贷方，表示企业尚未归还的长期借款额。

2. 账务处理

【例 6-5】2018 年 5 月 1 日，红星公司向银行借款 1 000 000 元，期限 3 个月，年利率为 3%，款项已经存入银行。

这是一项资产和负债同时增加的业务，银行存款属于资产，其增加记入该账户的借方；短期借款属于负债，其增加记入该账户的贷方。编制会计分录如下：

借：银行存款　　　　　　　　　　　　　　　　　　　　1 000 000
　　贷：短期借款　　　　　　　　　　　　　　　　　　　　　1 000 000

【例 6-6】2018 年 5 月 5 日，红星公司从银行借入 3 年期长期借款 2 000 000 元，款项已存入银行，年利率为 5%，到期一次还本付息。

这也是一项引起资产和负债同时增加的业务。借款期限长于 1 年，应记入"长期借款"账户的贷方。编制会计分录如下：

借：银行存款　　　　　　　　　　　　　　　　　　　　2 000 000
　　贷：长期借款　　　　　　　　　　　　　　　　　　　　　2 000 000

小　贴　士

负债筹资中借款的基本账务处理：

借：银行存款
　　贷：长期借款
　　　　短期借款

第二节　供应过程业务的账务处理

供应过程主要涉及企业资金在流动资产上的分配，在这个阶段，企业将其资金运用到了流动资产上。供应过程是为生产过程准备劳务对象的前置阶段，也是制造企业生产经营过程的第一个阶段。供应过程是企业在完成生产条件的准备之后，采购部门应及时

采购生产所需的各种材料及储备过程。供应过程核算主要包括：①按照购销合同确定的价格和规定的结算方式确认和支付材料的买价及增值税进项税额；②支付各项采购费用，如将材料从供应单位运到企业仓库所发生的运杂费（运输费、装卸搬运费、保险费）、运输途中的合理消耗、入库前的整理挑选费用、进口关税等；③计算确认材料采购成本；④材料验收入库；⑤与供应单位结清应付债务。

一、供应过程账务处理设置的主要账户

1. "在途物资"账户

"在途物资"账户是一个资产类账户，按实际成本（或进价）对材料、商品等物资进行核算，并核算货款已付但尚未验收入库的在途物资的采购成本。该账户的借方登记购入材料、物资的买价和采购费用；贷方登记经验收入库的材料的实际采购成本；期末余额在借方，反映库存各种材料、商品的金额。该账户应按材料的种类、规格设置明细分类账，进行明细核算。

2. "库存现金"账户

"库存现金"账户是一个资产类账户，用来核算企业的库存现金。该账户借方登记企业收到的现金，贷方登记企业支出的现金，期末借方余额，反映企业实际持有的库存现金余额。

知识链接

根据国务院和中国人民银行的有关规定，在银行开户的各个企业单位，对其库存现金量必须规定最高限额。开户单位可以使用现金的范围包括：职工工资、津贴；各种劳保、福利费及国家规定的对个人的其他支出；出差人员的差旅费；结算起点以下的零星支出；中国人民银行确定的需要支付现金的其他支出。除此之外，企业应通过银行办理转账结算。

3. "原材料"账户

"原材料"账户是一个资产类账户，用于核算企业各种库存材料的收入、发出和结存情况，包括原料及主要材料、外购半成品、修理用备件、包装材料、燃料等的实际成本。借方登记经验收入库的各种材料的实际采购成本；贷方登记发出材料的实际成本；期末余额在借方，表示库存各种材料的金额。

4. "应交税费"账户

"应交税费"账户是一个负债类账户，核算企业应缴纳的各种税费。计提企业应缴

纳的税费时记入该账户贷方，缴纳时记入该账户借方，期末余额若在贷方反映企业应交未交的税费，若在借方反映企业多交的税费。

应交税费是按税种进行明细核算的。"应交增值税"子目下设"进项税额""销项税额""已交税金"和"进项税额转出"等细目，进项税额和已交税金的发生额在借方；销项税额和进项税额转出的发生额在贷方。

> **知识链接**
>
> 　　根据我国税法的规定，凡在我国境内销售商品或提供加工、修理修配劳务，销售服务、无形资产、不动产及进口货物的企业单位和个人应当缴纳增值税，它是以取得的货物或应税劳务的销售额及进口货物的金额计算税款，并实行税款抵扣制的一种流转税。增值税的基本税率为16%。根据《增值税暂行条例》规定，企业购入货物或接受应税劳务支付的增值税（即进项税额），可以从销售货物或提供劳务按规定收取的增值税（即销项税额）中抵扣。

5. "应付账款"账户

"应付账款"账户是负债类账户，用于核算企业因购买材料、商品或接受劳务等应付给供货单位或提供劳务单位的款项。该账户的贷方登记应付款项的增加数；借方登记应付款项的减少数；期末余额在贷方，表示企业尚未偿还的应付账款。

6. "应付票据"账户

"应付票据"账户是负债类账户，用于核算企业因购买材料、商品或接受劳务等而开出并承兑的商业汇票。该账户的贷方登记应付的商业汇票的票面金额；借方登记到期偿还的商业汇票的金额；期末余额在贷方，表示尚未到期的票面金额。

7. "其他应收款"账户

"其他应收款"账户是资产类账户，用于核算企业应收及暂付其他单位或个人的款项。该账户的借方登记应收款项的增加，贷方登记收回的应收款项。期末余额在借方，表示企业尚未收回的款项。

二、供应过程主要账务处理

【例6-7】2018年5月2日，红星公司向红阳公司购入A材料12 000千克，单价50元，计600 000元，增值税专用发票上注明增值税税额为96 000元，款项以银行存款支付，材料尚未验收入库。

这是一笔购货后立即付款的业务，涉及资产类账户在途物资的增加和银行存款的减少，在支付货款的同时一并支付增值税进项税额，在"应交税费——应交增值税（进项

税额）"账户中核算。编制会计分录如下：

借：在途物资——A 材料   600 000

  应交税费——应交增值税（进项税额）   96 000

   贷：银行存款   696 000

【例 6-8】2018 年 5 月 3 日，红星公司向绿叶公司购入 B 材料 3 000 千克，单价 40 元，价款共计 120 000 元，增值税专用发票上注明进项税额为 19 200 元，对方代垫运输费 500 元，款项未付，材料已验收入库。

这是一笔材料已经验收入库而款项尚未支付的业务，材料入库应在"原材料"账户核算，未付款项是企业的负债，应在负债类账户"应付账款"中反映，对方代垫的运输费属于采购费用，应计入原材料成本并作为"应付账款"的一部分，而计算增值税进项税额则以买价为基数。编制会计分录如下：

借：原材料——B 材料   120 500

  应交税费——应交增值税（进项税额）   19 200

   贷：应付账款——绿叶公司   139 700

【例 6-9】2018 年 5 月 5 日，红星公司收到仓库转来 A 材料的收料凭证，结转其采购成本。

这是一笔材料入库结转采购成本的业务，把"在途物资"账户中的全部成本转入"原材料"账户即可。月末"在途物资"账户的借方余额表示尚未运达企业或验收入库的材料成本。编制会计分录如下：

借：原材料——A 材料   600 000

   贷：在途物资——A 材料   600 000

【例 6-10】2018 年 5 月 6 日，红星公司以银行存款偿付前欠绿叶公司账款。编制会计分录如下：

借：应付账款——绿叶公司   139 700

   贷：银行存款   139 700

【例 6-11】2018 年 5 月 7 日，红星公司向南方公司购入 B 材料 1 000 千克，单价 40 元，价款共计 40 000 元，增值税专用发票上注明进项税额为 6 400 元，开出期限 3 个月的商业承兑汇票一张，材料已验收入库。

这是一笔货物已经验收入库而款项通过票据支付的业务，材料入库应在"原材料"账户核算，应付票据是企业的负债，应在负债类账户"应付票据"中反映。编制会计分录如下：

借：原材料——B 材料   40 000

  应交税费——应交增值税（进项税额）   6 400

   贷：应付票据——南方公司   46 400

【例 6-12】2018 年 5 月 8 日，红星公司从银行提取现金 3 000 元备用。

该业务的发生，使银行存款减少，库存现金增加，借记"库存现金"账户，贷记"银行存款"账户，编制会计分录如下：

借：库存现金 3 000
　　贷：银行存款 3 000

【例6-13】2018年5月10日，采购员李明预借差旅费1 200元，以现金支付。

该业务的发生，使库存现金减少，也使企业应收回的款项增加，借记"其他应收款"账户，贷记"库存现金"账户，编制会计分录如下：

借：其他应收款——李明 1 200
　　贷：库存现金 1 200

三、材料采购成本的计算

材料采购成本是指企业物资从采购到入库前所发生的全部合理、必要的支出，包括买价和采购费用。采购费用能分清负担对象的，应直接计入材料的采购成本；不能分清负担对象的，应选择合理的分配方法，分配计入有关材料的采购成本。分配方法一般按存货的重量或买价比例进行分配。相关计算公式为

材料采购成本=买价+采购费用

采购费用分配率=采购费用总额/材料的重量（买价）之和

某种材料应负担的采购费用=该种材料的重量（或买价）×采购费用分配率

【例6-14】2018年5月11日，红星公司向武安工厂购入A材料300千克，单价50元，计15 000元；B材料800千克，单价40元，计32 000元；增值税进项税额共计7 520元。采购以上两种材料发生共同采购费用475元，按重量比例分配后，A材料负担130元，B材料负担345元。全部款项以银行存款支付，材料尚未入库。

采购费用分配率=475/(300+800)≈0.4318（元/千克）

A材料应分摊的采购费用=0.4318×300≈130（元）

B材料应分摊的采购费用=0.4318×800≈345（元）

A材料的采购成本=15 000+130=15 130（元）

B材料的采购成本=32 000+345=32 345（元）

编制会计分录如下：

借：在途物资——A材料 15 130
　　　　　　——B材料 32 345
　　应交税费——应交增值税（进项税额） 7 520
　　贷：银行存款 54 995

【例6-15】承例6-14，同日，A、B两种材料验收入库，按其实际成本结转。编制会计分录如下：

借：原材料——A材料 15 130
　　　　　——B材料 32 345

  贷：在途物资——A 材料   15 130
      ——B 材料   32 345

小 贴 士

  采购材料的基本账务处理：
  1）借：在途物资——×材料
      应交税费——应交增值税（进项税额）
     贷：银行存款（应付账款等）
  2）借：原材料——×材料
     贷：在途物资——×材料

第三节 生产业务过程的账务处理

  生产过程是资金循环的第 3 个业务环节，这一阶段的主要业务是企业从材料投入生产到产品完工验收入库，把劳动对象制造成劳动产品的过程。生产过程核算的主要内容有以下几个方面：①生产领用原材料的核算；②生产过程中应付职工薪酬的核算；③期间费用的核算（管理费用、财务费用等）；④制造费用的归集和分配；⑤计算产品成本；⑥结转产品成本。

  企业在具体核算时，按产生的费用与产品的关系，将这些资源耗费分为直接费用和间接费用。直接费用是指某些资源的耗费只是服务于某种产品的生产，而不是两种或者两种以上产品的生产，这样就可以把因直接生产这类产品而耗费的资源称为直接费用。企业中的直接费用主要包括直接人工和直接材料。间接费用是指同时为两种或者两种以上生产服务的资源耗费，如车间管理人员的各种薪酬、机器设备的折旧费、水电费等。间接费用是指不能直接计入产品生产成本的费用。如企业的制造费用。另外，生产过程中还应核算期间费用，包括为组织和管理生产经营活动而支付的管理费用、为筹集生产经营所需资金等而支付的财务费用等。

知识链接

  生产成本与期间费用的区别：对于期间费用，我们一般假定这些资源的耗费与企业未来的收益并无多少联系或者这种联系是难以可靠确定的，所以在一般情况下，我们直接将期间费用与当期收入相配比，而并不是将其递延到未来。产品的生产成本只有在销售后才能转化为当期费用，如果当期并未将该产品销售，那么则不能把这部分资源耗费转化为当期费用，而是以资产的形式存在。

一、生产过程设置的主要账户

在核算制造企业生产过程的主要业务时，应设置以下几个主要账户。

1. "生产成本"账户

"生产成本"账户是生产过程中一个最基本的账户，属于成本类账户，主要用来核算企业在产品生产过程中所发生的一切费用，并计算完工产品的实际生产成本。该账户借方登记实际发生的生产费用（包括直接费用和间接费用），贷方登记月末转出的完工产品成本，余额在借方（表示尚未完工的在产品成本）。"生产成本"账户应按产品成本设置明细账。

2. "制造费用"账户

"制造费用"账户属于成本类账户，用以核算企业生产车间（部门）为生产产品和提供劳务而发生的各项间接费用，包括车间管理人员的工资和福利费、生产用房和机器设备的折旧、水电费、修理费、保险费、办公费、一般性材料费、劳务保护费和机物料消耗等。该账户借方登记实际发生的各项制造费用，贷方登记期末按照一定标准分配转入"生产成本"账户借方的应计入产品成本的制造费用，结转后该账户一般无余额。该账户应按不同的车间、部门设置明细账，并按费用项目设置专栏进行明细核算。

3. "应付职工薪酬"账户

"应付职工薪酬"账户属于负债类账户，用以核算企业根据有关规定应支付给职工的各种薪酬，包括在工资总额内的各种工资、奖金、津贴等，不论是否在当月支付，都应通过本科目核算，但不包括在工资总额内发给职工的其他款项，如医药费、福利补助、退休费等。该账户借方登记本月实际支付的职工薪酬数额，贷方登记本月计算的应付职工薪酬总额，期末余额在贷方，反映企业应付未付的职工薪酬。企业应当按照薪酬项目设置应付职工薪酬明细分类账，进行明细核算。

4. "管理费用"账户

"管理费用"账户属于损益类账户，用以核算企业生产经营活动所发生的各种耗费，包括企业的董事会和行政管理部门在企业的经营管理中发生的或者应由企业统一负担的公司经费（包括行政管理部门职工工资、修理费、物料消耗、低值易耗品摊销、办公费和差旅费等）、工会经费、待业保险费、劳动保护费、董事会会费（含顾问费）、诉讼费、业务招待费、房产税、车船使用税、土地使用税、印花税、技术转让费、矿产资源补偿费、无形资产摊销、职工教育经费等。该账户借方登记费用的增加额，贷方登记费用的减少额（结转），结转后期末无余额。该账户应按费用项目设置明细分类账，进行

明细核算。

5. "财务费用"账户

"财务费用"账户属于损益类账户,用于核算企业筹集生产经营所需资金等发生的费用,包括利息支出、汇兑损失及银行结算的手续费等。发生财务费用时,记入本账户的借方,贷方登记费用的减少(结转),月末将余额全部转入"本年利润"账户,结转后本账户无余额。该账户应按费用项目设置明细分类账,进行明细核算。

6. "累计折旧"账户

"累计折旧"账户是"固定资产"账户的抵减账户,也是资产类账户,用于核算固定资产因损耗而减少的价值。"累计折旧"账户作为"固定资产"账户的抵减账户,贷方反映固定资产价值损耗的增加额,即折旧的累计数额;借方反映固定资产处置时转销的累计折旧数额;月末余额在贷方,表示企业提取的固定资产累计数。固定资产的净值则以"固定资产"和"累计折旧"两个账户余额借贷相抵后的差额表示。

知识链接

固定资产在较长时间内使用并且保持其原有的实物形态不变,其价值随着固定资产的损耗逐渐发生转移,这就是折旧。从理论上讲,固定资产价值减少应从其贷方反映,借贷相抵后的余额表示其剩余价值。但是由于固定资产的原始价值在很大程度上反映了企业的规模、生产能力等因素,需要时常掌握其原值信息,因此,设立了"累计折旧"账户对固定资产价值的损耗进行单独反映。

7. "应付利息"账户

"应付利息"账户属于负债类账户,用以核算企业按照合同约定应支付的利息。该账户借方登记实际支付的利息,贷方登记按实际利率计算确定的应付未付利息,期末余额在贷方,反映企业应付未付的利息。

8. "库存商品"账户

"库存商品"账户属于资产类账户,用来核算企业库存的各种商品的实际成本或计划成本。制造企业的库存商品主要指产成品。产成品是指企业已经完成全部生产过程并已验收入库,符合标准规格和技术条件,可以按照合同规定的条件送交给购买方或者可以作为商品对外销售的产品。该账户借方登记验收入库的库存商品成本,贷方登记发出库存商品成本,期末余额在借方,表示已完工但未销售的产品成本。本账户应按照产品种类、品种、规格设置明细账,进行明细核算。

二、生产过程的主要账务处理

1. 材料费用的归集和分配

在确定材料费用时，应根据领料凭证区分车间、部门和不同用途后，按照确定的结果将发出材料的成本借记"生产成本""制造费用""管理费用"等账户，贷记"原材料"等账户。

【例 6-16】2018 年 5 月 15 日，红星公司仓库发出材料如表 6-1 所示。

表 6-1 发出材料汇总表

单位：元

用途	A 材料		B 材料		材料耗用合计
	数量	金额	数量	金额	
甲产品耗用	2 000	100 000	1 250	50 000	150 000
乙产品耗用	3 000	150 000	1 500	60 000	210 000
小计	5 000	250 000	2 750	110 000	360 000
车间一般耗用	800	40 000	500	20 000	60 000
合计	5 800	290 000	3 250	130 000	420 000

从表 6-1 可以看出，甲产品领用 A、B 材料共 150 000 元，乙产品领用 A、B 材料共 210 000 元；车间一般性消耗 A、B 材料共 60 000 元。编制会计分录如下：

借：生产成本——甲产品　　　　　　　　　　　　　　　　　150 000
　　　　　　——乙产品　　　　　　　　　　　　　　　　　210 000
　　制造费用　　　　　　　　　　　　　　　　　　　　　　 60 000
　　贷：原材料——A 材料　　　　　　　　　　　　　　　　290 000
　　　　　　　——B 材料　　　　　　　　　　　　　　　　130 000

2. 职工薪酬的归集与分配

职工薪酬是指企业为获得职工提供的服务或解除劳动关系而给予各种形式的报酬或补偿。具体包括短期薪酬、离职后福利、辞退福利和其他长期职工福利。短期薪酬包括职工工资、奖金、津贴和补贴，职工福利费，社会保险费，住房公积金，工会经费和职工教育经费，等等。

对于短期职工薪酬，企业应当在职工为其提供服务的会计期间，按实际发生额确认为负债，并计入当期损益或相关资产成本。企业应当根据职工提供服务的受益对象，分以下几种情况处理：

1）由生产产品、提供劳务负担的短期职工薪酬，计入产品成本或劳务成本。其中，生产工人的短期职工薪酬应借记"生产成本"账户，贷记"应付职工薪酬"账户；生产车间的管理人员的短期职工薪酬属于间接费用，应借记"制造费用"账户，贷记"应付

职工薪酬"账户。

2）由在建工程、无形资产负担的短期职工薪酬，计入建造固定资产或无形资产成本。

3）除上述两种情况外，其他短期职工薪酬应计入当期损益。如企业行政管理部门人员和专设销售机构销售人员的短期职工薪酬均属于期间费用，应分别借记"管理费用""销售费用"等账户，贷记"应付职工薪酬"账户。

【例 6-17】2018 年 5 月 25 日，红星公司根据当月考勤记录和生产记录等，计算确定的本月职工工资如下：甲产品生产工人工资 64 000 元，乙产品的生产工人工资 66 000 元，车间管理人员工资 7 000 元，办公室管理人员工资 5 000 元。同日，以银行存款支付。

该业务的发生，引起工资费用增加，应记入"生产成本""制造费用""管理费用"账户的借方；同时，负债也增加，应记入"应付职工薪酬"账户的贷方。编制会计分录如下：

```
借：生产成本——甲产品                        64 000
         ——乙产品                            66 000
     制造费用                                 7 000
     管理费用                                 5 000
     贷：应付职工薪酬——职工工资             142 000
```

支付时，编制会计分录如下：

```
借：应付职工薪酬——职工工资               142 000
     贷：银行存款                           142 000
```

【例 6-18】2018 年 5 月 25 日，红星公司依据工资总额的 14%计提职工福利费。

该业务的发生，引起公司福利费增加，应记入"生产成本""制造费用""管理费用"账户的借方；同时，负债也增加，应记入"应付职工薪酬"账户的贷方。编制会计分录如下：

```
借：生产成本——甲产品                         8 960
         ——乙产品                             9 240
     制造费用                                   980
     管理费用                                   700
     贷：应付职工薪酬——职工福利费            19 880
```

3. 制造费用的归集与分配

企业发生的制造费用，应当按照合理的分配标准按月分配计入各成本核算对象的生产成本。企业可以采取的分配标准包括机器工时、人工工时和计划分配率等。

企业发生制造费用时，借记"制造费用"账户，贷记"累计折旧""银行存款""应付职工薪酬"等账户；结转时，借记"生产成本"账户，贷记"制造费用"账户。

【例 6-19】2018 年 5 月 16 日，红星公司用银行存款购买办公用品，其中生产车间 2600 元，管理部门 4 000 元。

该业务的发生，使银行存款减少，生产车间和管理部门费用增加，应借记"制造费用"和"管理费用"账户，贷记"银行存款"账户。编制会计分录如下：

借：制造费用　　　　　　　　　　　　　　　　　　　　　　　2 600

　　管理费用　　　　　　　　　　　　　　　　　　　　　　　4 000

　　　贷：银行存款　　　　　　　　　　　　　　　　　　　　　　6 600

【例6-20】2018 年 5 月 30 日，红星公司计提本月固定资产折旧 8 600 元，其中车间固定资产应提 6 000 元，管理部门固定资产应提 2 600 元。

该业务的发生，引起公司折旧费用的增加，应借记"制造费用"和"管理费用"账户；同时，固定资产价值减少（折旧增加），贷记"累计折旧"账户。编制会计分录如下：

借：制造费用　　　　　　　　　　　　　　　　　　　　　　　6 000

　　管理费用　　　　　　　　　　　　　　　　　　　　　　　2 600

　　　贷：累计折旧　　　　　　　　　　　　　　　　　　　　　　8 600

【例6-21】2018 年 5 月 31 日，红星公司用银行存款支付本月水电费 4 420 元，其中生产车间 3 420 元，管理部门 1 000 元。

该业务的发生，使银行存款减少，生产车间和管理部门费用增加，应借记"制造费用"和"管理费用"账户，贷记"银行存款"账户。编制会计分录如下：

借：制造费用　　　　　　　　　　　　　　　　　　　　　　　3 420

　　管理费用　　　　　　　　　　　　　　　　　　　　　　　1 000

　　　贷：银行存款　　　　　　　　　　　　　　　　　　　　　　4 420

【例6-22】2018 年 5 月 31 日，红星公司按照生产工时比例分配制造费用，其中甲产品的生产工时为 550 小时，乙产品生产工时为 450 小时。根据例 6-16～例 6-21 可知，本月发生的制造费用为 80 000 元，按照生产工时比例进行分配，计算如下：

制造费用分配率＝80 000/(550+450)＝80（元/工时）

甲产品负担的制造费用分配额＝550×80＝44 000（元）

乙产品负担的制造费用分配额＝450×80＝36 000（元）

分配时，编制会计分录如下：

借：生产成本——甲产品　　　　　　　　　　　　　　　　　　44 000

　　　　　　——乙产品　　　　　　　　　　　　　　　　　　36 000

　　　贷：制造费用　　　　　　　　　　　　　　　　　　　　　80 000

4. 产品生产成本的计算

月末，企业要计算并结转完工产品的成本。其计算公式为

月初在产品成本+本月生产费用-月末在产品成本=本月完工产品成本

【例6-23】2018 年 5 月 31 日，红星公司产品全部完工。甲产品共 4 000 件，乙产品共 6 000 件，已全部验收入库，假定月初无在产品成本，计算并结转已完工入库产品的

生产成本。

甲、乙两种产品的总成本计算如下：

甲产品的生产总成本=150 000+64 000+8 960+44 000=266 960（元）

乙产品的生产总成本=210 000+66 000+9 240+36 000=321 240（元）

该业务的发生，引起库存商品增加，应借记"库存商品"账户；同时，结转已完工产品成本，贷记"生产成本"账户。编制会计分录如下：

借：库存商品——甲产品 266 960

——乙产品 321 240

贷：生产成本——甲产品 266 960

——乙产品 321 240

5. 其他经济业务的核算

【例6-24】2018年5月16日，李明出差归来，报销差旅费1 180元，余款退回。

该业务的发生，引起公司差旅费的增加，应借记"管理费用"账户；现金退回后增加，借记"库存现金"账户；同时，公司与职工的债权债务关系消失，贷记"其他应收款"账户。编制会计分录如下：

借：管理费用 1 180

库存现金 20

贷：其他应收款——李明 1 200

【例6-25】2018年5月31日，预提本月短期借款利息5 000元。

该业务的发生，引起公司财务费用增加，应借记"财务费用"账户；同时，由于预提短期借款利息使应付利息增加，贷记"应付利息"账户。编制会计分录如下：

借：财务费用 5 000

贷：应付利息 5 000

第四节 销售业务过程的账务处理

销售过程是制造企业生产经营过程的最后一个阶段。企业必须在销售过程中收回货币资金补偿产品生产中的损耗，以保证再生产正常进行对货币资金的需要。因此，企业必须销售产品取得销售收入，抵减成本费用后形成利润。

销售过程核算主要有以下几个方面的内容：①销售收入的确认；②与购货单位办理价款结算；③支付各项销售费用，如销售产品的包装费、运输费和广告费等；④计算应向国家交纳的销售税金及附加费；⑤结转产品的销售成本；⑥确定其销售的业务成果。

另外，企业除产品销售业务外，还会发生一些其他销售业务，如材料销售、无形资

产使用权转让等，这些销售业务取得的收入和发生的支出，也是销售过程核算的内容。

知识链接

增值税的一般纳税人适用的税率有 16%、10%、6%、0% 等。

1）适用 16% 税率。销售货物或者提供加工、修理修配劳务及进口货物，提供有形动产租赁服务。

2）适用 10% 税率。粮食、农药、农膜、化肥、沼气、自来水、石油液化气、天然气、食用植物油、热水、煤气、食用盐、图书、报纸、杂志、音像制品、电子出版物、二甲醚，以及一般纳税人提供的交通运输、邮政、基础电信、建筑、不动产租赁等服务。

3）适用 6% 税率。提供增值电信服务、金融服务、现代服务和生活服务。

4）适用 0% 税率。出口货物等特殊业务。

一、销售过程设置的主要账户

为了正确核算销售过程的业务，应设置以下账户。

1."主营业务收入"账户

"主营业务收入"账户是损益类账户中的收入账户，用于核算企业在销售商品、提供劳务，以及让渡资产使用权等日常活动中所产生的收入。该账户的贷方登记已售商品销售收入，借方登记月末将本月销售收入发生额结转到"本年利润"账户数额，结转后期末无余额。"主营业务收入"账户应按主营业务的种类、产品类别和品名设置明细分类账，进行明细核算。

2."应交税费——应交增值税"账户

企业销售产品取得收入时，应向购货方收取增值税销项税额，这里涉及的账户是"应交税费——应交增值税（销项税额）"，对于其结构这里不再赘述。

3."应收账款"账户

"应收账款"账户是资产类账户，核算企业因销售商品和提供劳务等应向购货单位或接受劳务单位收取的款项。借方登记应收款项增加数，贷方登记应收款项减少数，期末余额在借方，反映尚未收回的货款。该账户应按债务人设置明细账户，进行明细核算。

4."应收票据"账户

"应收票据"账户是资产类账户，核算企业因销售商品和提供劳务等而收到的商业

汇票。借方登记企业收到的商业汇票，贷方登记到期收回的商业汇票，期末余额在借方，表示企业持有的未到期商业汇票。该账户应按债务人设置明细账户，进行明细核算。

5. "主营业务成本" 账户

"主营业务成本" 账户是损益类账户中的支出账户，用来核算企业因销售商品、提供劳务，以及让渡资产使用权等日常活动而发生的实际成本。其借方登记已销售商品成本，贷方登记期末将本月销售成本转入 "本年利润" 账户的数额，结转后期末无余额。该账户应按主营业务的种类或产品的品种设置明细账户，进行明细分类核算。

6. "税金及附加" 账户

"税金及附加" 账户是损益类账户中的支出账户，反映企业经营的各种业务产生的应向国家缴纳的消费税、城市维护建设税、资源税和教育费附加等相关税费所产生的支出。在计算应缴纳的税费时，记入该账户的借方，月末计算利润时，从该账户的贷方转入 "本年利润" 账户的借方，结转后该账户期末无余额。

7. "其他业务收入" 账户

"其他业务收入" 账户属于损益类账户中的收入账户，用于核算企业除主营业务收入以外的其他销售或其他业务的收入，如材料销售、技术转让、固定资产和包装物出租等收入。该账户的结构与主营业务收入账户基本相同。当收入实现时，记入该账户贷方，月末从该账户的借方转入 "本年利润" 账户的贷方，结转后期末无余额。

8. "其他业务成本" 账户

"其他业务成本" 账户属于损益类账户中的支出账户，用于核算为取得其他业务收入所付出的代价。不同种类的其他业务收入所付出的代价也不尽相同。例如，取得原材料销售收入的代价是所售出材料的成本及相应支出的税费；技术转让收入的代价是所转让技术的成本及相应支出的费用；固定资产或包装物的出租收入的代价是出租固定资产所提的折旧费或出租包装物应摊销价值及相关的税费支出。此类业务发生时，记入该账户的借方，月末从该账户的贷方转入 "本年利润" 账户的借方，结转后期末无余额。该账户可按其他业务成本的种类进行明细核算。

9. "销售费用" 账户

"销售费用" 账户是损益类账户中的支出账户，核算企业在商品销售过程中所发生的费用，包括运输费、装卸费、包装费、保险费、展览费和广告费等。该账户借方登记企业发生的商品销售费用，贷方登记期末将本月商品销售费用转入 "本年利润" 账户的数额，结转后期末无余额。

二、销售过程的主要账务处理

在销售过程中的主要经济业务流程：销售商品取得收入，办理结算并收回货款及相应的增值税销项税额，结转销售成本，计算相关税金，计算主营业务利润。

【例6-26】2018年5月18日，红星公司向天阳公司出售甲产品1 000件，每件售价150元，计150 000元，按售价16%计算的增值税，销项税额为24 000元，货款已经入账，存入红星公司账户。

这是一项销售业务，商品已经发出，同时取得收款的权利，可认为商品所有权上的风险和报酬已转移给了购货方，应在确认主营业务收入的同时，计算增值税销项税额。编制会计分录如下：

借：银行存款　　　　　　　　　　　　　　　　　　　174 000
　　贷：主营业务收入——甲产品　　　　　　　　　　　　150 000
　　　　应交税费——应交增值税（销项税额）　　　　　　　24 000

【例6-27】2018年5月20日，红星公司向海天公司销售乙产品2 000件，每件售价120元，计240 000元，增值税税率为16%，增值税销项税额为38 400元，款项尚未收到。

这也是一项销售业务，商品已经发出，可是款项却未收取，商品所有权上的风险和报酬已转移给了购货方，应在确认主营业务收入的同时计算增值税销项税额。编制会计分录如下：

借：应收账款——海天公司　　　　　　　　　　　　　278 400
　　贷：主营业务收入——乙产品　　　　　　　　　　　　240 000
　　　　应交税费——应交增值税（销项税额）　　　　　　　38 400

【例6-28】2018年5月20日，红星公司以银行存款支付甲、乙两种产品在销售中产生的包装费1 000元。在销售产品过程中产生的包装费应计入销售费用。编制会计分录如下：

借：销售费用　　　　　　　　　　　　　　　　　　　　1 000
　　贷：银行存款　　　　　　　　　　　　　　　　　　　1 000

【例6-29】红星公司于2018年5月22日向天洋公司出售乙产品1 000件，每件售价120元，货款总计120 000元，适用增值税税率为16%，增值税销项税额为19 200元，已开出增值税专用发票交付天洋公司，并于当日收到该公司承兑的商业汇票一张，期限为4个月，票面利率为4.5%，面值为139 200元。

5月22日收到票据时，编制会计分录如下：

借：应收票据　　　　　　　　　　　　　　　　　　　139 200
　　贷：主营业务收入　　　　　　　　　　　　　　　　120 000
　　　　应交税金——应交增值税（销项税额）　　　　　　　19 200

【例 6-30】2018 年 5 月 24 日，红星公司对外出售 B 材料 100 千克，每千克售价 50 元，计 5 000 元，增值税税率为 16%，增值税销项税额为 800 元，价税款已收到，存入银行。

该业务的发生，引起公司银行存款的增加，借记"银行存款"账户；同时其他业务收入增加，贷记"其他业务收入"账户；应交增值税增加，贷记"应交税费"账户。编制会计分录如下：

借：银行存款   5 800

    贷：其他业务收入——销售材料   5 000

        应交税费——应交增值税（销项税额）   800

【例 6-31】2018 年 5 月 27 日，红星公司用银行存款支付广告费 5 000 元。

该业务的发生，引起公司销售费用的增加，借记"销售费用"账户；同时银行存款减少，贷记"银行存款"账户。编制会计分录如下：

借：销售费用   5 000

    贷：银行存款   5 000

【例 6-32】2018 年 5 月 30 日，红星公司结转销售 B 材料的实际成本为 4 000 元。

该业务的发生，引起公司其他业务成本的增加，借记"其他业务成本"账户；同时库存材料减少，贷记"原材料"账户。编制会计分录如下：

借：其他业务成本——销售材料   4 000

    贷：原材料   4 000

【例 6-33】月末，红星公司结转已销售的甲、乙产品的实际生产成本如表 6-2 所示。

表 6-2　甲、乙产品的实际生产成本

产品种类	销售数量	单位生产成本	产品金额合计
甲产品	1 000	66.74	66 740
乙产品	3 000	53.54	160 620
总金额合计		227 360	

编制会计分录如下：

借：主营业务成本   227 360

    贷：库存商品——甲产品   66 740

           ——乙产品   160 620

【例 6-34】红星公司甲产品为应税产品，假定按主营业务收入的 8%税率计算该产品的消费税。甲产品的应纳消费税额 12 000 元（1 000×150×8%）。编制会计分录如下：

借：税金及附加   12 000

    贷：应交税费——应交消费税   12 000

小　贴　士

销售过程的基本账务处理：

1. 销售商品

借：银行存款（应收账款）

　　贷：主营业务收入

　　　　应交税费——应交增值税（销项税额）

2. 支付销售费用

借：销售费用

　　贷：银行存款（库存现金）

3. 结转已销商品成本

借：主营业务成本

　　贷：库存商品——×产品

4. 计算应交消费税

借：税金及附加

　　贷：应交税费——应交消费税

第五节　利润形成、利润分配与资金退出的账务处理

一、利润形成的账务处理

（一）利润形成概述

利润是企业在一定会计期间的经营成果，是一项综合反映企业经营活动成果的重要经济指标，包括收入减去费用后的净额、直接计入当其利润的利得或损失等。企业利润按其形成过程可分为营业利润、利润总额和净利润三部分。

1. 营业利润

营业利润是指由企业经营业务而产生的利润，是企业利润的主要来源。其计算公式为

营业利润=营业收入-营业成本-税金及附加-销售费用-管理费用-财务费用

　　　　-资产减值损失±公允价值变动收益（或损失）±投资收益（或损失）

营业收入是指企业经营业务所确定的收入总额,包括主营业务收入和其他业务收入。营业成本是指企业经营业务所发生的实际成本总额,包括主营业务成本和其他业务成本。企业的其他业务主要指兼营业务,如经营性资产出租、原材料出售等。投资收益是指企业以各种方式对外投资所取得的收益(或发生的损失)。资产减值损失是指企业计提各项资产减值准备所形成的损失。公允价值变动收益是指企业交易性金融资产等公允价值变动形成的应计入当期损益的利得(或损失)。

2. 利润总额

利润总额指企业在生产经营过程中各种收入扣除各种耗费后的余额,反映企业在报告期内实现的盈亏总额。其计算公式为

利润总额=营业利润+营业外收入-营业外支出

知识链接

营业外收入是指企业发生的与其日常活动无直接关系的各项利得,如固定资产盘盈、罚款净收入、无形资产处置收益、接受捐赠利得等。营业外支出是指企业发生的与其日常活动无直接关系的各项损失,如固定资产盘亏、非常损失、罚没支出、公益性捐赠支出等。

3. 净利润

净利润是指在利润总额中按规定缴纳所得税后公司的利润留成,一般也称为税后利润或净利润。其计算公式为

净利润=利润总额-所得税费用

(二)利润形成账务处理设置的主要账户

1. "营业外收入"账户

"营业外收入"账户是损益类账户中的收入账户,取得营业外收入时记入该账户的贷方,月末从该账户的借方结转到"本年利润"账户的贷方,结转后无余额。

2. "营业外支出"账户

"营业外支出"账户是损益类账户中的支出账户,借方登记营业外支出的增加额,贷方登记月末转入"本年利润"账户的数额,结转后无余额。

3. "所得税费用"账户

"所得税费用"账户为损益类账户中的支出账户,用来核算企业按规定从当期损益中扣除的所得税费用,同时本账户也是一个费用类账户。企业计算本月应交的所得税费

用时记入该账户的借方，月末从该账户贷方转入"本年利润"账户，结转后无余额。

4. "本年利润"账户

"本年利润"账户为所有者权益类账户，用于核算企业本年度实现的净利润（或亏损），贷方登记月末从主营业务收入、其他业务收入、营业外收入等损益类账户转来的数额，借方登记月末从主营业务成本、管理费用、营业外支出等成本类及损益类账户转入的数额。月末，余额若在贷方，表示本月企业实现的净利润；余额若在借方，表示本月发生的亏损。期末，应将"本年利润"结清，转入"利润分配"账户。如果实现利润，从借方转出，如果实现亏损，从贷方转出，结转后本账户无余额。

（三）利润形成的账务处理

1. 营业外收支的核算

【例6-35】2018年5月25日，税务部门核查税务，查出红星公司有不符合法规的票据，罚款1 000元，以现金支付。

罚没支出与企业的日常经营无关，应记入"营业外支出"账户。编制会计分录如下：

借：营业外支出   1 000

  贷：库存现金   1 000

【例6-36】2018年5月27日，红星公司销售人员王然违纪，按照公司规定罚款100元。

罚款收入与企业日常经营无关，应记入"营业外收入"账户。编制会计分录如下：

借：库存现金   100

  贷：营业外收入   100

【例6-37】2018年5月31日，红星公司将一笔无法支付的应付账款2 000元，经批准转做企业的营业外收入。

该业务的发生，引起公司应付账款的减少，借记"应付账款"账户；同时公司利得增加，贷记"营业外收入"账户。编制会计分录如下：

借：应付账款   2 000

  贷：营业外收入   2 000

小 贴 士

营业外收支发生的基本账务处理：

1）借：营业外支出

  贷：银行存款等

2）借：银行存款等

  贷：营业外收入

2. 收支账户结转至"本年利润"账户

月末，将所有者损益类账户（收支账户）的余额（除"所得税费用"账户外）结转"本年利润"账户。结转后，这些损益类账户无余额。

【例6-38】月末结转时，红星公司损益类账户余额如表6-3所示。

表6-3　损益类账户余额

账户名称	借方余额/元	贷方余额/元
主营业务收入		510 000
其他业务收入		5 000
营业外收入		2 100
投资收益		
主营业务成本	227 360	
其他业务成本	4 000	
税金及附加	12 000	
销售费用	6 000	
管理费用	14 480	
财务费用	5 000	
营业外支出	1 000	
合计	269 840	517 100

编制会计分录如下：

1）将收入类账户余额全部转入"本年利润"账户的贷方。

借：主营业务收入　　　　　　　　　　　　　　　　　　　510 000

　　其他业务收入　　　　　　　　　　　　　　　　　　　　5 000

　　营业外收入　　　　　　　　　　　　　　　　　　　　　2 100

　　贷：本年利润　　　　　　　　　　　　　　　　　　　517 100

2）将支出类账户余额全部转入"本年利润"借方。

借：本年利润　　　　　　　　　　　　　　　　　　　　　269 840

　　贷：主营业务成本　　　　　　　　　　　　　　　　　227 360

　　　　其他业务成本　　　　　　　　　　　　　　　　　　4 000

　　　　税金及附加　　　　　　　　　　　　　　　　　　12 000

　　　　销售费用　　　　　　　　　　　　　　　　　　　　6 000

　　　　管理费用　　　　　　　　　　　　　　　　　　　14 480

　　　　财务费用　　　　　　　　　　　　　　　　　　　　5 000

　　　　营业外支出　　　　　　　　　　　　　　　　　　　1 000

"本年利润"账户贷方发生额减去借方发生额即为当月的利润（亏损）总额，本例中利润总额为247 260元（517 100-269 840）。

> **小贴士**
>
> 收支结转"本年利润"账户的基本账务处理：
> 1）将收入类账户余额全部转入"本年利润"账户的贷方：
> 借：主营业务收入
> 　　其他业务收入
> 　　营业外收入
> 　　投资收益
> 　　贷：本年利润
> 2）将支出类账户余额全部转入"本年利润"借方：
> 借：本年利润
> 　　贷：主营业务成本
> 　　　　其他业务成本
> 　　　　税金及附加
> 　　　　销售费用
> 　　　　管理费用
> 　　　　财务费用
> 　　　　营业外支出

3. 所得税费用核算

所得税也是企业的一项费用，计算时应以企业的月末利润总额为基数。其计算公式为

$$应纳税所得额=利润总额\pm国家规定的调整项目$$
$$应纳所得税额=应纳税所得额\times适用税率$$

【例6-39】承例6-38，按利润总额的25%计算所得税，应纳所得税额为61 815元（247 260×25%）。编制会计分录如下：

借：所得税费用　　　　　　　　　　　　　　　　　　　61 815
　　贷：应交税费——应交所得税　　　　　　　　　　　　　61 815

同时，结转所得税费用到"本年利润"账户，编制会计分录如下：

借：本年利润　　　　　　　　　　　　　　　　　　　　61 815
　　贷：所得税费用　　　　　　　　　　　　　　　　　　　61 815

净利润=247 260-61 815=185 445（元）。

小 贴 士

所得税费用核算的基本账务处理：

1）借：所得税费用

　　　贷：应交税费——应交所得税

2）借：本年利润

　　　贷：所得税费用

二、利润分配与利润年终结转的账务处理

1. 利润分配概述

企业于年末对其实现的净利润进行分配，分配之前应弥补以前年度的亏损。分配时先按照法律规定提取法定公积金和法定公益金，然后可向投资者分配一部分利润，分配后剩余的部分作为未分配利润，留待以后年度进行分配。

（1）提取盈余公积

按规定企业应按净利润的 10% 提取法定盈余公积。

（2）向投资者分配利润

按净利润的一定比例或约定金额向投资者分配利润。

（3）未分配利润

净利润扣除利润分配数额后的余额就是未分配利润。

2. 利润分配和利润年终结转应设置的主要账户

（1）"利润分配"账户

"利润分配"账户是所有者权益类账户，用于核算企业的利润分配（或亏损的弥补）和历年分配（或弥补）后的结存情况。利润分配是企业按国家有关法律、法规和企业章程的规定，将实现的净利润在企业和投资者之间进行分配。该账户借方登记实际分配的利润额，包括提取的盈余公积和分配给投资者的利润，以及年末从"本年利润"账户转入的全年发生的净亏损；贷方登记用盈余公积弥补的亏损额等其他转入数，以及年末从"本年利润"账户转入的全年实现的净利润。另外，应在"利润分配"账户下设置"未分配利润""提取法定盈余公积""提取任意盈余公积""应付现金股利或利润"等明细账户，分配后，将其他明细账户余额全部转入"未分配利润"明细账户，结转后其他明细账户无余额。

（2）"盈余公积"账户

"盈余公积"账户是所有者权益类账户，用于核算企业盈余公积的提取、使用和结余情况。盈余公积是企业提取的各种累计资金，一般用于企业的发展、风险的防范和亏损的弥补。该账户贷方登记提取的盈余公积（反映盈余公积的增加额），借方登记实际

使用的盈余公积（反映盈余公积的减少额），期末余额在贷方表示盈余公积结余。该账户应当分别"法定盈余公积""任意盈余公积"进行明细核算。

（3）"应付股利"账户

"应付股利"账户属于负债类账户，用于核算企业提取向投资者分配的现金股利或利润时形成的暂时性负债。该账户贷方登记应付给投资者股利或利润的增加额，借方登记实际支付给投资者的股利或利润，即应付股利的减少额。期末余额在贷方，反映企业应付未付的现金股利或利润。该账户可按投资者进行明细核算。

3. 利润分配和利润年终结转的账务处理

（1）本年利润转入利润分配

【例6-40】经计算，红星公司5月份的"本年利润"贷方余额为185 445元，年末结转"本年利润"账户。

每个年度末，企业都应将"本年利润"账户的余额全部结转到"利润分配——未分配利润"账户中进行利润分配或亏损弥补。"本年利润"若为贷方余额，应从借方结转，若为借方余额，则从贷方结转，结转后无余额。编制会计分录如下：

借：本年利润 185 445
　　贷：利润分配——未分配利润 185 445

（2）提取盈余公积

【例6-41】年末，红星公司召开董事会，决定对本年度利润进行分配。分配方案如下：按净利润的10%的比例提取法定盈余公积，按10%的比例提取任意盈余公积，剩余留待以后年度分配。

法定盈余公积和任意盈余公积都是盈余公积的核算内容。企业对利润进行分配从"利润分配"明细账户的借方结转。编制会计分录如下：

借：利润分配——提取法定盈余公积 18 544.5
　　　　　　——提取任意盈余公积 18 544.5
　　贷：盈余公积 37 089

（3）向投资者分配利润或股利

【例6-42】年末，红星公司召开董事会，决定将本年度利润的20%拿出向投资者分配利润。向投资者分配的利润应在"应付股利"账户核算。编制会计分录如下：

借：利润分配——应付现金股利或利润 37 089
　　贷：应付股利 37 089

（4）企业未分配利润的形成

【例6-43】在分配完利润以后，红星公司应把"利润分配"其他明细账户的余额全部转入"未分配利润"明细账户，结转后只有"未分配利润"明细账户有余额。编制会计分录如下：

借：利润分配——未分配利润　　　　　　　　　　　　74 178
　　贷：利润分配——提取法定盈余公积　　　　　　　18 544.5
　　　　　　　——提取任意盈余公积　　　　　　　 18 544.5
　　　　　　　——应付现金股利或利润　　　　　　　 37 089

至此，"利润分配——未分配利润"账户贷方余额为 111 267 元（185 445-74 178），表示该企业累计的未分配利润。

第六节　成本计算

一、成本计算的含义

产品成本是指企业在生产产品过程中所发生的材料费用、职工薪酬等，以及不能直接计入而按一定标准分配计入的各种间接费用。产品成本核算是对生产经营过程中实际发生的成本、费用进行计算，并进行相应的账务处理。企业通过产品成本核算，一方面，可以审核各项生产费用和经营管理费用的支出，分析和考核产品成本计划的执行情况，促使企业降低成本和费用；另一方面，还可以为计算利润、进行成本和利润的预测提供基础数据，有利于提高企业的技术和管理水平。

二、成本与费用的联系与区别

1. 成本与费用的联系

费用是企业在日常活动中发生的、会导致所有者权益减少的、与向所有者分配利润无关的经济利益的总流出，构成产品成本的基础。产品成本是为生产某种产品而发生的各种耗费的总和，是对象化的费用。

2. 成本与费用的区别

费用涵盖范围较宽，包括企业生产各种产品所产生的各种耗费，有当期的，也有以前期间发生的费用；既有 A 产品的，也有 B、C 等其他产品的；既有完工产品的，也有半成品的。费用着重于按会计期间进行归集，一般以生产过程中取得的各种原始凭证为计算依据，而产品成本只包括为生产一定种类或数量的完工产品的费用，不包括未完工产品的生产费用和其他费用；成本着重于按产品进行归集，一般以成本计算单或成本汇总表及产品入库单等为依据，产品成本是费用总额的一部分，不包括期间费用和期末未完工产品的费用等。

三、材料采购成本的计算

1. 材料采购成本的构成

材料采购成本的计算公式为

$$材料采购成本=买价+采购费用$$

材料的买价是指从供货方取得的发票上列明的材料价款，可直接列入相关材料采购成本。采购费用是指材料采购过程中发生的运杂费（运输费、装卸费、保险费、包装费、仓储费等）、运输途中的合理损耗、入库前的挑选整理费和相关税金。

2. 材料采购成本归集

材料采购成本对象是材料的品种，一般情况下，材料采购成本按品种通过"在途物资"账户归集。

买价：直接记入"在途物资——×材料"账户。

采购费用：对于能分清材料品种的采购费用，直接记入"在途物资——×材料"账户；对于不能分清材料品种的采购费用，采用一定的方法分配记入"在途物资——×材料"账户。

材料验收入库后，按归集的实际采购成本转入"原材料"账户。

3. 共同性采购费用的分配

对于同时采购几种材料发生的共同性采购费用，应采用合适的方法加以分配。

1）分配标准。可根据材料的特点或采购费用的收费标准，选择重量、体积或买价作为分配标准。

2）计算公式：

$$材料采购费用分配率=\frac{应分配的采购费用金额}{材料采购的总重量（总体积或买价总额）}$$

$$某种材料应分配的采购费用=该种材料的重量（体积或买价等）\times材料采购费用分配率$$

4. 计算举例

【例6-44】2018年5月24日，红星公司向大中公司购入C材料12 000千克，单价4.8元，价款为57 600元；D材料36 000千克，单价4.8元，价款为172 800元，专用发票注明增值税税额36 864元，款项未付，开出一张6个月到期的商业汇票，运费24 000元，以银行存款支付。材料尚未验收入库。

这笔业务涉及采购费用的分配问题，采购费用发生时若能分清，应直接计入各种材料的采购成本；不能分清的，应按材料的买价或重量等比例分配计入各种材料的采购成

本。其分配步骤如下：

1）制定费用分配标准（按买价或重量）。

2）计算采购费用分配率：

采购费用分配率=费用总额/各种材料买价（或重量之和）

3）确定某种在途物资应付担的采购费用：

某种在途物资应负担的采购费用=该材料买价（或重量）×采购费用分配率

材料的采购成本：C 材料 57 600 元，D 材料 172 800 元。

假设企业以材料的重量为基数来分摊，则：

每千克材料应分摊的运输费=24 000/12 000+36 000=0.5（元/千克）

C 材料应负担的运输费=0.5×12 000=6 000（元）

D 材料应负担的运输费=0.5×36 000=18 000（元）

编制会计分录如下：

借：在途物资——C 材料   57 600

        ——D 材料   172 800

    应交税费——应交增值税（进项税额）   36 864

  贷：应付票据   267 264

借：在途物资——C 材料   6 000

        ——D 材料   18 000

  贷：银行存款   24 000

也可以把以上两笔分录合为一笔，编制会计分录如下：

借：在途物资——C 材料   63 600

        ——D 材料   190 800

    应交税费——应交增值税（进项税额）   36 864

  贷：应付票据   267 264

    银行存款   24 000

四、产品生产成本的计算

在生产过程中，先要将已发生的生产费用进行归集，然后将该费用在完工产品和在产品之间进行分配，计算出完工产品的制造总成本和单位总成本。

1. 确定成本计算对象

成本计算对象是指生产费用的归属对象。若要计算某种产品的成本，那么产品的品种就是成本计算对象；若要计算某一批次产品的成本，那么产品的批次就是成本计算对象。

2. 按成本项目归集和分配生产费用

为了进一步反映产品成本的构成，所有生产费用都要按产品成本项目列示到相关生产成本明细分类账中。成本项目是生产费用按经济用途分类的项目。产品成本项目一般有以下 3 项。

1）直接材料。它是指企业在生产过程中直接用于产品生产的材料。

2）直接人工。它是指企业直接从事产品生产的工人薪酬。

3）制造费用。它是指企业为生产产品而发生的各项间接费用。

按照制造成本法，只将直接材料、直接人工和制造费用计入产品成本。其中，直接为生产产品和提供劳务发生的直接材料、直接人工，直接计入产品成本；企业生产管理部门为组织和管理生产发生的各项间接费用，平时归集在"制造费用"账户的借方，月末按照一定标准分配计入各种产品成本。

3. 制造费用分配

（1）分配标准

制造费用计入各种产品成本的分配标准主要有：各种产品的生产工人工资比例；各种产品的生产工时比例和各种产品的机器工时比例。

（2）分配公式

制造费用分配率=制造费用总额/生产工人工资（生产工时、机器工时）总数

某种产品应分配的制造费用=某种产品生产工人工资（生产工时、机器工时）

×制造费用分配率

4. 计算举例

【例 6-45】本月归集的制造费用 49 250 元，按生产工时分配。本月生产工时共计19 700 小时，其中 A 产品 10 200 工时，B 产品 9 500 工时。编制制造费用分配如表 6-4所示。

表 6-4　制造费用分配表

产品名称	分配标准（生产工时）	分配率	分配金额/元
A 产品	10 200	2.50	25 500
B 产品	9 500	2.50	23 750
合计	19 700		49 250

制造费用分配率=49 250÷19 700=2.50。

A 产品应负担的制造费用=10 200×2.50=25 500（元）。

B 产品应负担的制造费用=9 500×2.50=23 750（元）。

五、产品销售成本的计算

产品销售成本计算的对象是每一种已销售的产品。产品销售成本是已售产品的生产成本，因而产品销售成本的计算，实质上是已销售产品生产成本的结转。

在结转产品销售成本时，编制会计分录如下：

借：主营业务成本

　　贷：库存商品——甲产品

　　　　　　　——乙产品

课后练习

一、单项选择题

1. 购买的原材料，当其在运输途中，其实际发生的成本在（"　　　"）账户核算。

    A．在途物资　　　　　B．原材料　　　　　C．库存商品　　　　D．产成品

2. 月末结转损益类收入项目的借方账户是（"　　　"）。

    A．管理费用　　　　　　　　　　　　B．主营业务收入

    C．应付福利费　　　　　　　　　　　D．应交税费

3. 下列项目中，不属于制造费用的是（　　　）。

    A．生产车间折旧费　　　　　　　　　B．厂部管理人员工资

    C．生产车间修理费　　　　　　　　　D．车间水电费

4. 常与"主营业务成本"账户的借方相对应的账户是（"　　　"）。

    A．在途物资　　　　　　　　　　　　B．库存商品

    C．营业外支出　　　　　　　　　　　D．应付职工薪酬

5. 年末结转后，"利润分配"账户的贷方不会出现的明细科目是（　　　）。

    A．提取法定盈余公积　　　　　　　　B．提取任意盈余公积

    C．应付现金股利或利润　　　　　　　D．未分配利润

6. 下列项目中，应记入"管理费用"账户的是（　　　）。

    A．生产产品耗用的材料　　　　　　　B．机器设备的折旧费

    C．生产工人工资　　　　　　　　　　D．行政管理人员的工资

7. "生产成本"账户的期末借方余额表示（　　　）。

    A．完工产品成本　　　　　　　　　　B．半成品成本

    C．本月生产成本合计　　　　　　　　D．期末在产品成本

8. 销售产品月末结转本月销售产品成本，应借记（"　　　"）账户。

    A．主营业务成本　　　　　　　　　　B．销售税金及附加

    C．应交税费　　　　　　　　　　　　D．所得税

9. 企业实际收到投资者投入的资金超出其在注册资本中应享有的份额的溢价部分属于企业所有者权益中的（　　）。

    A．固定资产　　　B．银行存款　　　C．实收资本　　　D．资本公积

10. 下列项目中，属于营业外支出的有（　　）。

    A．固定资产盘亏　　　　　　B．资产减值损失

    C．主营业务成本　　　　　　D．其他业务成本

二、多项选择题

1. 企业所有者权益包括（　　）。

    A．资本公积　　B．法定盈余公积　C．未分配利润　D．任意盈余公积

2. 下列税金中，应计入税金及附加的有（　　）。

    A．企业所得税　B．消费税　　　C．资源税　　　D．教育费附加

3. 资金运动包括（　　）。

    A．资金的投入　　　　　　　B．资金的退出

    C．资金的循环和周转　　　　D．财务预算

4. 下列各项属于资产类账户的有（　　）。

    A．银行存款　　B．应收账款　　C．固定资产　　D．应付账款

5. 从银行借入长期借款12 000元，用于归还前欠货款，正确的记账方法是（　　）。

    A．借记"银行存款"12 000元　　B．贷记"长期借款"12 000元

    C．借记"应付账款"12 000元　　D．贷记"应付账款"12 000元

6. 购进材料时，如果借记"原材料"账户，可能贷记（"　　"）账户。

    A．在途物资　　B．预付账款　　C．应付账款　　D．银行存款

7. 直接费用包括（　　）。

    A．直接人工　　B．直接材料　　C．管理费用　　D．财务费用

8. 属于利润总额构成要素的项目有（　　）。

    A．主营业务收入　B．营业利润　　C．营业外收入　D．营业外支出

9. 某制造企业采购A、B两种材料，下列采购支出属于直接费用的有（　　）。

    A．材料的买价　　　　　　　B．两种材料的装卸费

    C．增值税　　　　　　　　　D．两种材料的运费

10. 制造企业的生产阶段，应计算的成本有（　　）。

    A．工资费用成本　　　　　　B．材料采购成本

    C．产品生产成本　　　　　　D．产品销售成本

三、判断题

1. 企业以前年度亏损未弥补完，不能提取法定盈余公积和法定公益金。（　　）

2. 交易性金融资产主要指企业准备长期持有并拥有控股权的金融资产。（　　）

3. 企业处置固定资产产生的净损失应确认为费用。（　　）

4. 已确认为坏账的应收账款重新收回，应借记"坏账准备"账户，贷记"管理费用"账户。（　　）

5. 收入的特点之一是企业在日常活动中形成的经济利益流入，所以企业处置固定资产、无形资产产生的经济利益流入均不构成收入。（　　）

6. 根据《企业会计准则》，固定资产盘盈应作为前期差错处理，通过"以前年度损益调整"账户核算，而不是通过"营业外收入"账户核算。（　　）

7. 企业为销售本企业商品而专设的销售机构发生的职工薪酬、业务费、折旧费等，应通过"销售费用"账户核算。（　　）

8. 企业如果发生亏损，可以用以后年度实现的利润弥补，但不可以用以前年度提取的盈余公积弥补。（　　）

9. "主营业务成本"账户的期末余额应结转至"本年利润"账户的贷方。（　　）

10. 年度终了，企业应将"本年利润"账户的数额转入"利润分配——未分配利润"账户。（　　）

第七章 财 产 清 查

◎ **知识目标**

1. 了解财产清查的意义、清查的种类。
2. 熟悉财产清查的概念，理解财产清查的一般程序。
3. 掌握财产清查的方法，明确财产清查的会计核算。

◎ **能力目标**

1. 能够准确掌握财产清查的方法。
2. 能够对财产清查的结果进行会计核算。

第一节 财产清查概述

一、财产清查的概念

　　财产清查是指通过对货币资金、实物资产和往来款项等财产物资进行盘点或核对，确定其实存数，查明账存数与实存数是否相符的一种专门的会计核算方法，如图 7-1 所示。

图 7-1　财产清查

二、财产清查的意义

　　各个企业应当建立健全财产物资清查制度，以便加强管理，以保证财产物资核算的

真实性和完整性。

财产清查的意义如下：

1）有利于保证会计核算资料的真实可靠。

2）有利于保护财产物资的安全完整。

3）有利于挖掘财产物资的潜力，加速资金周转。

4）有利于维护财经纪律和结算制度。

三、财产清查的种类

财产清查可以按清查的范围、清查的时间和清查的执行系统进行分类。

1. 按清查的范围分类

1）全面清查。全面清查是对属于本单位或存放在本单位的全部财产物资进行的清查。需要进行全面清查的情况通常主要有：年终决算之前；单位撤销、合并或改变隶属关系前；中外合资、国内合资前；企业股份制改制前；开展全面的资产评估、清产核资前；单位主要领导调离工作前等。

2）局部清查。局部清查是指根据需要对部分财产物资进行盘点与核对。局部清查一般包括下列清查内容（流动性较强的资产）：现金应每日清点 1 次，银行存款每月至少同银行核对 1 次，债权债务每年至少核对 1～2 次，各项存货应有计划、有重点地抽查，贵重物品每月清查 1 次等。

2. 按清查的时间分类

1）定期清查。它可以是全面清查，也可以是局部清查，一般在期末进行。

2）不定期清查。它一般是局部清查，如：①更换出纳员时，对库存现金、银行存款所进行的清查；②更换仓库保管员时，对其所保管的财产进行清查；③发生自然灾害或意外时所进行的清查等。不定期清查的目的在于查明情况、分清责任。

3. 按清查的执行系统分类

1）内部清查。内部清查是指由本单位内部自行组织清查工作小组所进行的财产清查。

2）外部清查。外部清查是指由上级主管部门、审计机关、司法部门、注册会计师等根据国家有关规定或情况需要对本单位所进行的财产清查。

四、财产清查的组织程序

财产清查是会计核算的专门方法之一，运用于实践工作中，是财产物资管理的一项重要制度，也是一项复杂而又细致的工作，企业必须有计划、有组织地进行财产清查。财产清查一般包括以下步骤：

1）成立财产清查小组
2）确定清查对象、范围，明确清查任务。
3）制订清查方案。
4）组织清查人员学习相关规定。
5）清查前准备。
6）实施财产清查。
7）对财产清查结果进行处理。

第二节　财产清查的方法

由于企业货币资金、实物、往来款项的特点各不相同，财产清查时应采用与其特点和管理要求相适应的清查方法。

一、货币资金的清查方法

货币资金一般包括库存现金、银行存款和其他货币资金，其常用的清查方法包括实地盘点法和核对账目法。

（一）库存现金的清查

库存现金的清查采用实地盘点法确定库存现金的实存数，然后与库存现金日记账账面余额相核对，确定实存账存是否相符。库存现金应每日清点，做到日清日结。

库存现金清查一般由主管会计或财务负责人和出纳人员共同清点，并于清点结束填制库存现金盘点报告表，由盘点人员和出纳人员在库存现金盘点报告表上共同签字盖章。库存现金盘点报告表如表 7-1 所示。

表 7-1　库存现金盘点报告表

单位名称：		年　月　日		单位：
实存现金	账存现金	对比结果		备注
		长款	短款	

盘点人（签章）：　　　　　　　　　　　　　　　　　　　　出纳人员（签章）：

在进行库存现金盘点时应注意以下几个方面：

1）在盘点之前，出纳人员应先将现金收、付款凭证全部登记入账，并结出余额。

2）盘点时，出纳人员必须在场。现金应逐张清点，如果发现现金长款（盘盈）、短款（盘亏），必须会同出纳人员核实清楚。

3）盘点时，还应查明有无以白条抵充现金，现金库存有否超过银行核定的限额，有无坐支现金等违反现金管理制度的行为。

4）盘点结束后，应根据盘点结果，及时填制库存现金盘点报告表，并由盘点人员和出纳人员在库存现金盘点报告表上共同签字盖章。此表具有双重性质，既是盘存单，又是实存账存对比表；既是反映现金实存数调整账簿记录的重要原始凭证，也是分析账实发生差异原因及明确经济责任的依据。

小 贴 士

盘点库存现金时，出纳人员必须在场，盘点结束后，盘点人员和出纳人员要共同签字盖章。

（二）银行存款的清查

银行存款的清查，是采用与开户银行核对账目的方法进行的，即将本单位的银行存款日记账与开户银行转来的对账单逐笔进行核对，以查明企业银行存款的实有数额。银行存款的清查一般在月末进行，其过程如图7-2所示。

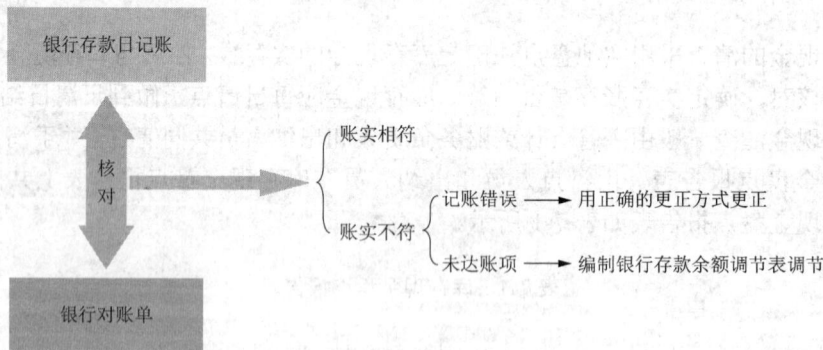

图 7-2　银行存款日记账的清查过程

在与银行对账之前，应先检查本单位的银行存款日记账的正确性与完整性。通过核对，往往会发现双方账目不相符。其主要原因有两个：一是双方记账可能有差错，如错账、漏账等，这是不正常的，应及时查明更正；二是存在未达账项，这是正常的。

未达账项是指企业和银行之间，由于会计凭证传递的时间不一致而导致双方记账时间不一致，从而导致一方已经入账，而另一方尚未入账的事项。未达账项有以下4种：①企业已收款入账，银行尚未收款入账；②企业已付款入账，银行尚未付款入账；③银

行已收款入账，企业尚未收款入账；④银行已付款入账，企业尚未付款入账。

上述任何一种未达账项的存在，都会使企业银行存款日记账的余额与银行开出的对账单的余额不符。为消除未达账项的影响，企业应根据核对后发现的未达账项，编制银行存款余额调节表，据以调节双方的账面余额，确定企业银行存款实际可以动用的数额。银行存款余额调节表如表 7-2 所示。

表 7-2　银行存款余额调节表

账号：　　　　　　　　　　　　　　　年　月　日　　　　　　　　　　　　单位：元

项目	金额	项目	金额
企业银行存款日记账余额		银行对账单余额	
加：银行已收，企业未收款		加：企业已收，银行未收款	
减：银行已付，企业未付款		减：企业已付，银行未付款	
调节后的存款余额		调节后的存款余额	

主管会计：（签章）　　　　　　　　　　　　　　　　　　　制表人：（签章）

值得注意的是，未达账项不是错账、漏账，因此不需根据调节表做任何账务处理，双方账面仍保持原有的余额，待收到有关凭证之后（即由未达账项变成已达账项），再同正常业务一样进行处理。

小　贴　士

未达账项不是错账、漏账，是由于记账存在时间差而产生的。

二、实物资产的清查方法

实物资产主要包括固定资产、存货等。实物资产的清查包括对实物资产在数量和质量上进行的清查，本着先清查数量再鉴定质量的原则进行。其常用的清查方法有实地盘点法和技术推算法。

知识链接

清查财产物资的方法有以下两种。

1. 实地盘点法

实地盘点法是指在财产物资堆放现场进行逐一清点数量或用计量仪器确定实存数的一种方法。这种方法适用范围比较广泛，在多数财产物资的清查中都可以用到。

2. 技术推算法

技术推算法是利用技术方法（如量方计尺等）对财产物资的实存数进行推算的一种方法。这种方法适用于成堆量大且价值不高，难以逐一清点的财产物资的清查，如露天堆放的煤炭等。

在实物资产清查过程中，与库存现金的清查一样，实物保管人员和盘点人员必须同时在场。对于盘点结果，应如实登记盘存单，并由盘点人员和实物保管人员签字或盖章，以明确经济责任。然后由财务人员根据盘存单和有关账簿的记录，编制实存账存对比表。实存账存对比表是用以调整账簿记录的重要原始凭证，也是分析产生差异、明确经济责任的依据。盘存单如表 7-3 所示，实存账存对比表如表 7-4 所示。

小 贴 士

盘存单既是记录盘点结果的书面证明，也是反映财产物资实存数的原始凭证。

表 7-3　盘存单

单位名称：　　　　　　　　　　盘点时间：　　　　　　　　编号：
财产类别：　　　　　　　　　　存放地点：

序号	名称	规格或型号	计量单位	实存数量	单价	金额	备注

盘点人员签章：　　　　　　　　　　　　　　　　　实物保管人员签章：

表 7-4　实存账存对比表

单位名称：　　　　　　　　　　年　　月　　日

编号	类别及名称	计量单位	单价	实存		账存		对比结果				备注
				数量	金额	数量	金额	盘盈		盘亏		
								数量	金额	数量	金额	

三、往来款项的清查方法

往来款项主要包括应收、应付款项和预收、预付款项等。往来款项的清查一般采用发函询证的方法进行核对。实际操作中，相关财务人员应定期将本单位的往来款项账目核对清楚，确认总分类账与所属明细分类账的余额相符，首先保证往来账簿记录完整无误。在保证往来款项账簿记录正确、完整的基础上，编制往来款项对账单，寄往各有关往来单位和个人。往来款项对账单的格式一般为一式两联，其中一联作为回单，对方单

位核对后退回，盖章表示核对相符；如不相符，对方单位另附说明寄回。收到对方单位退回的往来款项对账单回单后，应据此编制往来款项对账报告单，如表7-5所示。对于清查中发现的坏账损失以及无法支付的应付款项，均必须按规定进行处理，不得擅自冲销账簿记录。

表7-5 往来款项对账报告单

总分类账户名称：　　　　　　　　年　　月　　日

明细分类账户		核对结果		核对不符原因分析		
账户名称	账面余额	核对相符金额	核对不符金额	未达账项金额	有争议金额	无法收回或偿还金额

知识链接

确定财产物资账面结存的方法有以下3种。

1. 永续盘存制

永续盘存制也称账面盘存制。采用这种方法，平时对各项财产物资的增加数和减少数，都要根据会计凭证连续记入有关账簿，并且随时结出账面余额。

2. 实地盘存制

采用这种方法，平时只根据会计凭证在账簿中登记财产物资的增加数，不登记减少数，到月末，对各项财产物资进行盘点，根据实地盘点所确定的实存数，倒挤出这月各项财产物资的减少数。

3. 抽样盘存法

这种方法是指对于数量多、重量均匀的实物财产，确定财产的实有数额的一种方法。

第三节　财产清查结果的处理

一、财产清查的结果

财产清查结果有以下3种情况。

1）实存数大于账存数，即盘盈。

2）实存数小于账存数，即盘亏。

3）实存数等于账存数，即账实相符。

财产清查结果的处理一般是指对账实不符即盘盈、盘亏情况的处理。账实相符中如果财产物资发生变质、霉烂及毁损时，也是其处理的对象。

二、财产清查结果处理的基本要求

1）分析产生差异的原因和性质，提出处理建议。一般来说，个人造成的损失，应由个人赔偿，记入"其他应收款"账户；有保险赔偿的，将其赔偿金额记入"其他应收款"账户；因管理不善原因造成的损失，应作为企业"管理费用"入账；因自然灾害造成的非常损失，列入企业的"营业外支出"。

2）积极处理多余积压财产，清理往来款项。

3）总结经验教训，建立健全各项管理制度。

4）及时调整账簿记录，保证账实相符。

三、财产清查结果处理的步骤

财产清查结果的处理要分两步走。

1）要由财务人员根据盘存单、盘点报告表等原始凭证，填制记账凭证，记入有关账簿，使账簿记录与实际盘存数据相符，以实现账实相符。

2）根据权限，将处理建议报股东大会或董事会，或经理（厂长）会议等机构批准。各有关权力部门应于期末前组织查明盘盈、盘亏产生的原因，并做出审批意见。再由财务部门根据处理意见进行账务处理，填制有关凭证，登记相关账簿，并追回应由责任者承担的财产损失。

企业清查的各种财产损溢，如果在期末结账前尚未经批准，在对外提供财务报表时，先按上述规定进行处理，并在附注中做出说明。注意：其后批准处理的金额与已处理金额不一致的，调整财务报表相关项目的年初数。

四、财产清查结果的账务处理

1. 设置"待处理财产损溢"账户

为了反映和监督企业在财产清查过程中查明的各种财产物资的盘盈、盘亏、毁损及其处理情况，应设置"待处理财产损溢"账户（但固定资产盘盈和毁损分别通过"以前年度损益调整""固定资产清理"账户核算）。该账户属于双重性质的资产类账户，下设"待处理流动资产损溢"和"待处理非流动资产损溢"两个明细分类账户进行明细分类核算。

盘盈时，其账户结构如下：

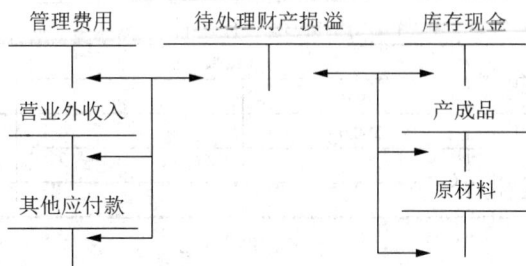

盘亏时，其账户结构如下：

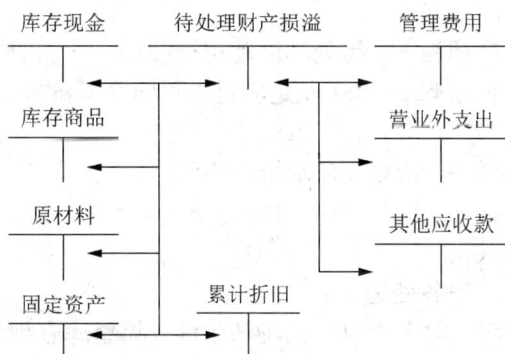

该账户的借方登记财产物资的盘亏数、毁损数和批准转销的财产物资盘盈数，贷方登记财产物资的盘盈数和批准转销的财产物资盘亏及毁损数。企业清查的各种财产的盘盈、盘亏和毁损应在期末结账前处理完毕，所以"待处理财产损溢"账户在期末结账后没有余额。

2. 库存现金清查结果的账务处理

（1）库存现金盘盈的账务处理

库存现金盘盈时，应及时办理库存现金的入账手续，调整库存现金账簿记录，即按盘盈的金额借记"库存现金"账户，贷记"待处理财产损溢——待处理流动资产损溢"账户。

对于盘盈的库存现金，应及时查明原因，按管理权限报经批准后，按盘盈的金额借记"待处理财产损溢——待处理流动资产损溢"账户，按需要支付或退还他人的金额贷记"其他应付款"账户，按无法查明原因的金额贷记"营业外收入"账户。

【例 7-1】2018 年 5 月 30 日，红星公司财务部门在现金清查中发现库存现金账存 2 587.50 元，实存 2 887.50 元，现金长款 300 元。

处理：首先，根据上述清查结果，填制库存现金盘点表，如表 7-6 所示。

表 7-6　库存现金盘点报告表

单位名称：　　　　　　　　　　年　月　日　　　　　　　　　　单位：

实存现金	账存现金	对比结果		备注
		长款	短款	
2 887.50	2 587.50	300.00		

盘点人员（签章）：　　　　　　　　　　　　　　　　　出纳人员（签章）：

其次，由会计人员根据库存现金盘点表填制会计凭证，编制会计分录如下：

借：库存现金　　　　　　　　　　　　　　　　　　　　　　　300
　　贷：待处理财产损溢——待处理流动资产损溢　　　　　　　　300

经查明原因，上述长款有 280.00 元是应付未付给李某的补助，20 元原因不明，编制会计分录如下：

借：待处理财产损溢——待处理流动资产损溢　　　　　　　　300
　　贷：其他应付款——李某　　　　　　　　　　　　　　　　280
　　　　营业外收入　　　　　　　　　　　　　　　　　　　　20

（2）库存现金盘亏的账务处理

库存现金盘亏时，应及时办理盘亏的确认手续，调整库存现金账簿记录，即按盘亏的金额借记"待处理财产损溢——待处理流动资产损溢"账户，贷记"库存现金"账户。

对于盘亏的库存现金，应及时查明原因，按管理权限报经批准后，按可收回的保险赔偿和过失人赔偿的金额借记"其他应收款"账户，按管理不善等原因造成净损失的金额借记"管理费用"账户，按自然灾害等原因造成净损失的金额借记"营业外支出"账户，按原记入"待处理财产损溢——待处理流动资产损溢"账户借方的金额贷记本账户。

【例 7-2】 2018 年 5 月 31 日，红星公司财务部门在现金清查中发现库存现金账存 1 997.50 元，实存 1 886.50 元，现金短款 111 元。

处理：首先，根据上述清查结果，填制库存现金盘点表，如表 7-7 所示。

表 7-7　库存现金盘点报告表

单位名称：　　　　　　　　　　年　月　日　　　　　　　　　　单位：

实存现金	账存现金	对比结果		备注
		长款	短款	
1 886.50	1 997.50		111.00	

盘点人员（签章）：　　　　　　　　　　　　　　　　　出纳人员（签章）：

其次，由会计人员根据上述"库存现金盘点表"填制会计凭证，编制会计分录如下：

借：待处理财产损溢——待处理流动资产损溢　　　　　　　　111

146

贷：库存现金　　　　　　　　　　　　　　　111

经查明原因，是出纳工作疏忽所致，由其赔偿，编制会计分录如下：

借：其他应收款——王某　　　　　　　　　　　　111

　　贷：待处理财产损溢——待处理流动资产损溢　　　111

3．存货清查结果的账务处理

（1）存货盘盈的账务处理

存货盘盈时，应及时办理存货入账手续，调整存货账簿的实存数。盘盈的存货应按其重置成本作为入账价值借记"原材料""库存商品"等账户，贷记"待处理财产损溢——待处理流动资产损溢"账户。

对于盘盈的存货，应及时查明原因，按管理权限报经批准后，冲减管理费用，即按其入账价值，借记"待处理财产损溢——待处理流动资产损溢"账户，贷记"管理费用"账户。

【例7-3】2018年5月31日，红星公司在存货清查中发现盘盈甲材料20千克，单价40元，A产品盘盈2件，单价180元。经查上述盘盈为收发计量差错所致。

首先，根据盘点结果填制盘存单，如表7-8所示，以及实存账存对比表，如表7-9所示。

表7-8　盘存单

单位名称：　　　　　　　　　　盘点时间：　　　　　　　　编号：

财产类别：　　　　　　　　　　存放地点：

序号	名称	规格或型号	计量单位	实存数量	单价	金额	备注
	甲材料		千克	3 520	40	140 800	
	A产品		件	102	180	18 360	

盘点人员签章：　　　　　　　　　　　　　　实物保管人员签章：

表7-9　实存账存对比表

单位名称：　　　　　　　　　年　月　日

编号	类别及名称	计量单位	单价	实存		账存		对比结果				备注
				数量	金额	数量	金额	盘盈		盘亏		
								数量	金额	数量	金额	
	甲材料	千克	40	3 520	140 800	3 500	140 000	20	800			
	A产品	件	180	102	18 360	100	18 000	2	360			

其次，会计人员根据实存账存对比表填制会计凭证，编制会计分录如下：

借：原材料——甲材料　　　　　　　　　　　　　　　　800

　　库存商品——A 产品　　　　　　　　　　　　　　　360

　　贷：待处理财产损溢——待处理流动资产损溢　　　　　　1 160

经查明原因，上述盘盈系收发计量差错所致，冲减管理费用，编制会计分录如下：

借：待处理财产损溢——待处理流动资产损溢　　　　　　1 160

　　贷：管理费用　　　　　　　　　　　　　　　　　　　　1 160

（2）存货盘亏的账务处理

存货盘亏时，应按盘亏的金额借记"待处理财产损溢——待处理流动资产损溢"账户，贷记"原材料""库存商品"等账户。材料、产成品、商品采用计划成本（或售价）核算的，还应同时结转成本差异（或商品进销差价）。涉及增值税的，还应进行相应处理。

对于盘亏的存货，应及时查明原因，按管理权限报经批准后，按可收回的保险赔偿和过失人赔偿的金额借记"其他应收款"账户，按管理不善等原因造成净损失的金额借记"管理费用"账户，按自然灾害等原因造成净损失的金额借记"营业外支出"账户，按原记入"待处理财产损溢——待处理流动资产损溢"账户借方的金额贷记本账户。

【例 7-4】2018 年 5 月 31 日，红星公司在存货清查中发现盘亏乙材料 3 千克，单价 20元，B 产品盘亏 1 件，单价 150 元。经查上述盘亏乙材料为自然损耗，B 产品为保管不当丢失，由责任人赔偿。

首先，根据上述盘点结果，由盘点人员填制盘存单，如表 7-10 所示。由会计人员根据盘存单和账簿记录填制实存账存对比表，如表 7-11 所示。

表 7-10　盘存单

单位名称：　　　　　　　　　盘点时间：　　　　　　　编号：
财产类别：　　　　　　　　　存放地点：

序号	名称	规格或型号	计量单位	实存数量	单价	金额	备注
	乙材料		千克	310	20	6 200	
	B 产品		件	100	150	15 000	

盘点人员签章：　　　　　　　　　　　　　　　　　实物保管人员签章：

表 7-11　实存账存对比表

单位名称：　　　　　　　　　　　　年　月　日

编号	类别及名称	计量单位	单价	实存		账存		对比结果				备注
				数量	金额	数量	金额	盘盈		盘亏		
								数量	金额	数量	金额	
	乙材料	千克	20	310	62 00	313	6 260			3	60	
	B 产品	件	150	100	15 000	101	15 150			1	150	

其次，会计人员根据实存账存对比表填制会计凭证，编制会计分录如下：

借：待处理财产损溢——待处理流动资产损溢　　　　　　　　　210

贷：原材料——乙材料　　　　　　　　　　　　　　　60

库存商品——B 产品　　　　　　　　　　　　　150

经查上述盘亏乙材料为自然损耗，B 产品为保管不当丢失由责任人赔偿，编制会计分录如下：

借：管理费用　　　　　　　　　　　　　　　　　　　　60

其他应收款——×××　　　　　　　　　　　　150

贷：待处理财产损溢——待处理流动资产损溢　　　　　210

4. 固定资产清查结果的账务处理

（1）固定资产盘盈的账务处理

企业在财产清查过程中盘盈的固定资产，经查明确属企业所有，按管理权限报经批准后，应根据盘存凭证填制固定资产交接凭证。固定资产交接凭证经有关人员签字后送交企业会计部门，由财务人员填写固定资产卡片账。将盘盈固定资产作为前期差错处理，通过"以前年度损益调整"账户核算。

盘盈的固定资产通常按其重置成本作为入账价值借记"固定资产"账户，贷记"以前年度损益调整"账户。涉及增值税、所得税和盈余公积的，还应按相关规定处理。

（2）固定资产盘亏的账务处理

固定资产盘亏时，应及时办理固定资产注销手续，按盘亏固定资产的账面价值借记"待处理财产损溢——待处理非流动资产损溢"账户，按已提折旧额借记"累计折旧"账户，按其原价贷记"固定资产"账户。涉及增值税和递延所得税的，还应按相关规定处理。

对于盘亏的固定资产，应及时查明原因，按管理权限报经批准后，按过失人及保险公司应赔偿额借记"其他应收款"账户，按盘亏固定资产的原价扣除累计折旧和过失人及保险公司赔偿后的差额借记"营业外支出"账户，按盘亏固定资产的账面价值贷记"待处理财产损溢——待处理非流动资产损溢"账户。

5. 结算往来款项盘存的账务处理

在财产清查过程中发现的长期未结算的往来款项，应及时清查。对于经查确实无法支付的应付款项可按规定程序报经批准后，转作营业外收入。

对于无法收回的应收款项则作为坏账损失冲减坏账准备。坏账是指企业无法收回或收回的可能性极小的应收款项。由于发生坏账而产生的损失，称为坏账损失。

企业通常应将符合下列条件之一的应收款项确认为坏账：

1）债务人死亡，以其遗产清偿后仍然无法收回。

2）债务人破产，以其破产财产清偿后仍然无法收回。

3）债务人较长时间内未履行其偿债义务，并有足够的证据表明无法收回或者收回的可能性极小。

企业对有确凿证据表明确实无法收回的应收款项，经批准后作为坏账损失。

对于已确认为坏账的应收款项，并不意味着企业放弃了追索权，一旦重新收回，应及时入账。

课堂练习

1）简述各项财产物资的清查方法。

2）如何对各项财产的清查进行实际操作？

课后练习

一、单项选择题

1. 无法查明原因的现金盘盈，应记入（　　）账户。

A. 管理费用　　　B. 营业外收入　　C. 销售费用　　　D. 其他业务收入

2. 固定资产盘盈可通过（　　）账户核算。

A. 投资收益　　　　　　　　　B. 以前年度损益调整

C. 营业外收入　　　　　　　　D. 固定资产清理

3. 对往来款项进行清查，应该采用的方法是（　　）。

A. 技术推算法　　　　　　　　B. 与银行核对账目法

C. 实地盘存法　　　　　　　　D. 发函询证法

4. 下列资产中，（　　）不应采用实地盘点法或技术推算法进行清查。

A. 库存现金　　　B. 原材料　　　C. 银行存款　　　D. 固定资产

5. 技术推算法一般适用于（　　）的清查。

A. 货币资金　　　B. 往来款项　　C. 机器设备　　　D. 露天堆放的沙石

6. 库存现金在盘点后应编制的原始凭证是（　　　）。
A. 实存账存对比表　　　　　B. 库存现金盘点报告表
C. 银行存款余额调节表　　　D. 银行对账单

7. 企业不需对其财产进行全面清查的是（　　　）。
A. 年终决算前　　　　　　　B. 企业进行股份制改制前
C. 更换仓库保管员　　　　　D. 企业破产

8. 按清查时间划分，单位发生贪污盗窃等事件时所进行的清查属于（　　　）。
A. 全面清查　　B. 局部清查　　C. 定期清查　　D. 不定期清查

9. 一般来说，单位撤销、合并、改变隶属关系时，要进行（　　　）。
A. 全面清查　　B. 局部清查　　C. 实地盘点　　D. 技术推算

10. 企业在编制年度财务会计报告进行的财产清查，一般应进行（　　　）。
A. 重点清查　　B. 全面清查　　C. 局部清查　　D. 抽样清查

二、多项选择题

1. 银行存款的清查步骤有（　　　）。
A. 将本单位银行存款日记账与银行对账单逐日逐笔核对，凡双方都有记录的，用铅笔在金额旁打"√"
B. 找出未标记"√"的未达账项
C. 将日记账和对账单的月末余额及未达账项填入银行存款余额调节表，计算调整后的余额
D. 调整平衡的银行存款余额调节表，经主管会计签章后，呈报开户银行

2. 企业的库存现金发生盘盈时，报经批准后的账务处理中可记入贷方账户的有（"　　　"）。
A. 其他应付款　　　　　　　B. 营业外收入
C. 待处理财产损溢　　　　　D. 营业外支出

3. 库存现金盘亏的账务处理中可能涉及的科目有（　　　）。
A. 库存现金　　　　　　　　B. 管理费用
C. 其他应收款　　　　　　　D. 营业外支出

4. 对于盘亏、毁损的存货，经批准后进行账务处理时，可能涉及的借方账户是（"　　　"）。
A. 其他应收款　　　　　　　B. 营业外支出
C. 营业外收入　　　　　　　D. 原材料

5. 下列各项应在"待处理财产损溢"账户贷方登记的是（　　　）。
A. 财产物资盘亏、毁损的金额　B. 财产物资盘盈的金额
C. 财产物资盘盈的转销额　　　D. 财产物资盘亏的转销额

6. 下列各项中，（　　）应当采用实地盘点法进行财产清查。
    A. 库存现金的清查
    B. 银行存款的清查
    C. 实物资产的清查
    D. 往来款项的清查

7. 下列各项中，（　　）可作为原始凭证，据以调整账簿记录。
    A. 现金盘点报告表
    B. 银行存款余额调节表
    C. 盘存单
    D. 实存账存对比表

8. 下列各项中，（　　）可能属于银行存款日记账与银行对账单不符的原因。
    A. 企业账务记录有误
    B. 银行账务记录有误
    C. 企业已记账，银行未记账
    D. 银行已记账，企业未记账

9. 未达账项的情况有（　　）。
    A. 企业已收款入账，而银行尚未收款入账
    B. 企业已付款入账，而银行尚未付款入账
    C. 银行已收款入账，而企业尚未收款入账
    D. 银行已付款入账，而企业尚未付款入账

10. 现金清查的内容主要包括（　　）。
    A. 是否有未达账项
    B. 是否有白条顶库
    C. 有无挪用公款
    D. 往来款项是否相符

11. 下列事项中，需要进行局部清查的有（　　）。
    A. 发生自然灾害
    B. 会计机构负责人调离时
    C. 财产物资保管人员发生变动
    D. 单位撤销

12. 财产清查的意义包括（　　）。
    A. 有利于提高会计核算资料的准确性
    B. 有利于挖掘财产物资的潜力，加速资金周转
    C. 有利于保障财产物资的安全完整
    D. 有利于合理安排生产经营活动

三、判断题

1. 存货盘盈一般是由于收发计量或核算上的差错所造成的，冲减管理费用。（　　）
2. "待处理财产损溢"账户期末处理结转后应无余额。（　　）
3. 固定资产盘盈可计入营业外收入。（　　）
4. 在处理建议得到批准之前，财务部门不得进行任何账务处理。（　　）
5. 往来款项的清查一般采用发函询证的方法进行核对。（　　）
6. 在进行财产物资盘点时，实物保管员必须在场。（　　）
7. 现金应该每月清查一次。（　　）
8. 未达账项是指由于存款单位和银行之间对于同一项业务，由于取得凭证的时间

不同，导致记账时间不一致而发生的　方已取得结算凭证而登记入账，但另　方由于尚未取得结算凭证而尚未入账的款项。　　　　　　　　（　　）

9. 财产清查既是会计核算的一种专门方法，又是财产物资管理的一项重要制度。　　　　　　　　　　　　　　　　　　　　　　　　　（　　）

10. 财产不定期清查可以是全面清查，也可以是局部清查。　（　　）

第八章　会计核算程序

◎ 知识目标

1. 了解会计核算程序的概念、了解会计核算程序的意义和种类。
2. 熟悉记账凭证账务处理程序。
3. 了解汇总记账凭证账务处理程序。
4. 熟悉科目汇总表账务处理程序。

◎ 能力目标

1. 能够准确理解会计核算程序的概念。
2. 能够掌握和应用记账凭证账务处理程序。
3. 能够掌握和应用汇总记账凭证账务处理程序。
4. 能够掌握和应用科目汇总表账务处理程序。

第一节　会计核算程序概述

一、会计核算程序的概念及意义

1. 会计核算程序的概念

会计核算程序是会计凭证、会计账簿、财务报表相结合的方式，包括账簿组织和记账程序。账簿组织是指会计凭证和会计账簿的种类、格式，会计凭证与账簿之间的联系方法。记账程序是指由填制、审核原始凭证到填制、审核记账凭证，登记日记账、明细分类账和总分类账，编制财务报表的工作程序和方法等。

2. 会计核算程序的意义

科学、合理地选择会计核算程序具有重要意义。

1）良好的会计核算程序有利于规范会计工作，保证会计信息加工过程的严密性，提高会计信息质量。

2）良好的会计核算程序有利于保证会计记录的完整性和正确性，增强会计信息的

可靠性。

3）良好的会计核算程序有利于减少不必要的会计核算环节，提高会计工作效率、保证会计信息的及时性。

二、会计核算程序的种类

企业常用的账务处理程序主要有记账凭证账务处理程序、汇总记账凭证账务处理程序和科目汇总表账务处理程序等。它们之间的主要区别为登记总分类账的依据和方法不同。

1．记账凭证账务处理程序

记账凭证账务处理程序是指对发生的经济业务，先根据原始凭证或汇总原始凭证填制记账凭证，再直接根据记账凭证登记总分类账的一种账务处理程序。

2．汇总记账凭证账务处理程序

汇总记账凭证账务处理程序是指先根据原始凭证或汇总原始凭证填制记账凭证，定期根据记账凭证分类编制汇总收款凭证、汇总付款凭证和汇总转账凭证，再根据汇总记账凭证登记总分类账的一种账务处理程序。

3．科目汇总表账务处理程序

科目汇总表账务处理程序，又称记账凭证汇总表账务处理程序，是指根据记账凭证定期编制科目汇总表，再根据科目汇总表登记总分类账的一种账务处理程序。

小 贴 士

在实际工作中，企业可以选择不同的账务处理程序，在进行选择时应符合以下要求：

1）适合本单位的组织结构特点，考虑本单位组织规模的大小，考虑经济业务性质和繁简程度，要有利于会计工作的分工协作和内部控制。

2）能够正确、及时和完整地提供相关会计信息，在保证会计信息质量的前提下，满足本单位各相关管理部门及人员的会计信息需要。

3）要在保证核算资料准确、及时、完整的前提下，力求简化程序，提高会计工作效率，降低会计核算成本。

第二节　记账凭证账务处理程序

一、记账凭证账务处理程序的特点

记账凭证账务处理程序是对发生的一切经济业务，都是根据原始凭证或汇总原始凭证编制记账凭证，然后直接根据记账凭证登记总分类账的一种账务处理程序。记账凭证账务处理程序的主要特点是直接根据记账凭证逐笔登记总分类账，即不经过汇总，而直接登记总分类账的一种账务处理程序。

由于登记总分类账的直接依据是记账凭证，记账凭证账务处理程序因此而得名。这是最基本的一种账务处理程序，其他各种账务处理程序都是在此基础上演变和发展起来的。

二、记账凭证账务处理程序的核算要求

在记账凭证账务处理程序下，应分别设置收款凭证、付款凭证和转账凭证 3 种记账凭证，用以分别反映企业日常发生的各种收款、付款和转账经济业务；设置现金日记账和银行存款日记账，分别用来序时记录现金和银行存款的收支业务；设置一定种类的明细分类账，进行必要的明细分类核算。设置总分类账，进行总分类核算。

在记账凭证账务处理程序下，日记账、总分类账一般采用三栏式；明细分类账根据不同情况，分别采用三栏式、数量金额式和多栏式。

三、记账凭证账务处理程序的步骤

记账凭证账务处理程序的步骤如图 8-1 所示。

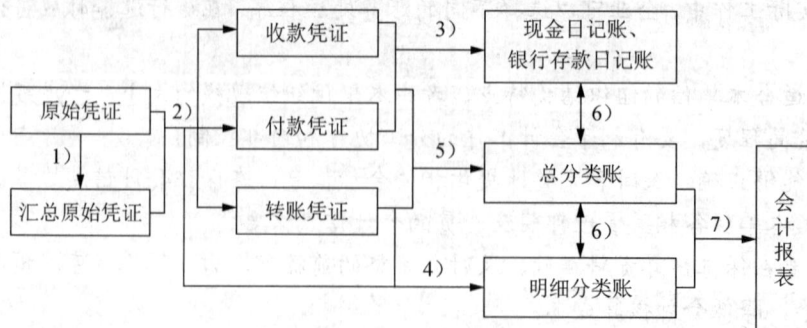

图 8-1　记账凭证账务处理程序

——→：流程；←——→：核对

1）根据原始凭证编制汇总原始凭证。

2）根据原始凭证或汇总原始凭证编制收款凭证、付款凭证和转账凭证，也可采用通用的记账凭证。

3）根据收款凭证、付款凭证逐笔登记现金日记账和银行存款日记账。

4）根据原始凭证、汇总原始凭证和记账凭证，登记各种明细分类账。

5）根据记账凭证逐笔登记总分类账。

6）期末，现金日记账、银行存款日记账和明细分类账的余额同有关总分类账的余额核对相符。

7）期末，根据总分类账和明细分类账的记录，编制会计报表。

四、记账凭证账务处理程序的优缺点及适用范围

记账凭证账务处理程序的优点：程序简明，手续简便，容易掌握。由于根据记账凭证直接登记总分类账，省去编制记账凭证汇总表再登记总分类账的记账手续，对于一些不经常发生经济业务的会计科目，可以不设置明细账，只需在总分类账的会计科目"摘要"栏中，对经济业务加以说明即可。

记账凭证账务处理程序的缺点：直接根据记账凭证登记总分类账，在业务量大时，登记总分类账的工作量较大。

记账凭证账务处理程序一般适用于规模较小、经济业务简单、数量较少、记账凭证不多的企业单位。

第三节　汇总记账凭证账务处理程序

一、汇总记账凭证账务处理程序的特点

汇总记账凭证账务处理程序是指对发生的经济业务，先根据原始凭证或汇总原始凭证编制记账凭证，再根据记账凭证编制汇总记账凭证，然后根据汇总记账凭证登记总分类账的一种账务处理程序。

汇总记账凭证账务处理程序是在记账凭证账务处理程序的基础上发展起来的。其主要特点是定期根据收款凭证、付款凭证和转账凭证，按照会计账户的对应关系进行汇总，分别编制汇总收款凭证、汇总付款凭证和汇总转账凭证；根据各种汇总凭证登记总分类账。由于登记总分类账的依据是汇总记账凭证，汇总记账凭证账务处理程序因此而得名。

二、汇总记账凭证账务处理程序的核算要求

在汇总记账凭证账务处理程序下，除仍应设置收款凭证、付款凭证、转账凭证外，

还要设置汇总收款凭证、汇总付款凭证和汇总转账凭证，在各种汇总凭证中都要求反映账户的对应关系。账簿体系仍包括日记账、各种明细分类账和总分类账。

为便于汇总，可把记账凭证按经济业务的性质分为现金收款、现金付款、银行存款收款、银行存款付款、转账凭证 5 类。

汇总记账凭证按以下方法编制。

1）现金收款业务和银行存款收款业务，分别按现金、银行存款科目的借方设置凭证，并按其对应科目（即贷方科目）进行汇总。

2）现金付款业务、银行存款付款业务，分别按现金、银行存款科目的贷方设置凭证，并按对应的借方科目进行汇总。

3）所有转账业务则按每一贷方科目来设置凭证并定期汇总。

如果在汇总期内（5 天或 10 天）某个贷方科目的转账凭证很少，也可一个月编制一张汇总转账凭证。

三、汇总记账凭证账务处理程序的步骤

汇总记账凭证账务处理程序的一般步骤如图 8-2 所示。

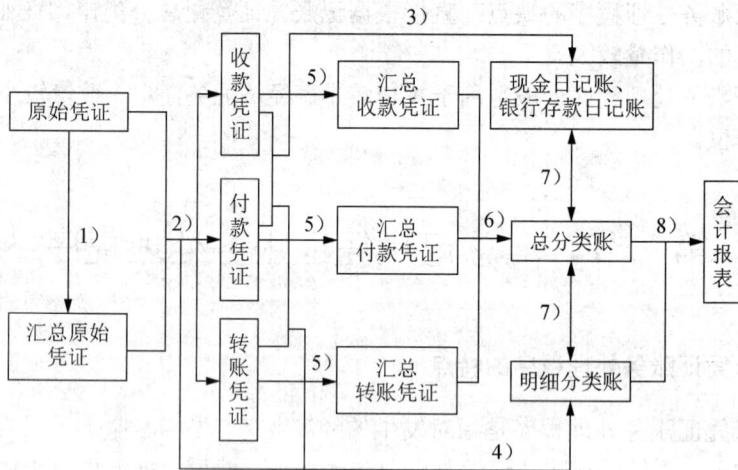

图 8-2　汇总记账凭证账务处理程序

————▶：据以填制或登记；◀————▶：定期核对

1）根据原始凭证编制汇总原始凭证。

2）根据原始凭证或汇总原始凭证编制收款凭证、付款凭证和转账凭证，也可采用通用的记账凭证。

3）根据收款凭证、付款凭证逐笔登记现金日记账和银行存款日记账。

4）根据原始凭证、汇总原始凭证和记账凭证，登记各种明细分类账。

5）根据各种记账凭证编制有关汇总记账凭证。

6）根据各种汇总记账凭证登记总分类账。

7）期末，现金日记账、银行存款日记账和明细分类账的余额同有关总分类账的余额核对相符。

8）期末，根据总分类账和明细分类账的记录，编制会计报表。

四、汇总记账凭证账务处理程序的优缺点及适用范围

汇总记账凭证账务处理程序的优点：减轻了登记总分类账的工作；汇总记账凭证是根据记账凭证按照每个科目的对方科目整理、汇总，据以登记总账，便于了解科目的对应关系，反映经济业务的来龙去脉，便于对经济业务检查分析，发生差错，也便于查找。

汇总记账凭证账务处理程序的缺点：不利于对日常核算工作进行合理的分工；汇总记账凭证的工作量大，特别是对一借多贷的经济业务，必须分解几个一借一贷的简单会计分录，不但不能完整的反映一项经济业务的全貌，反而增加了核算工作量。

汇总记账凭证账务处理程序一般适用于生产经营规模较大，经济业务量较大，记账凭证较多的企业单位。

第四节　科目汇总表账务处理程序

一、科目汇总表的编制方法

科目汇总表，又称记账凭证汇总表，是企业通常定期对全部记账凭证进行汇总后，按照不同的会计科目分别列示各账户借方发生额和贷方发生额的一种汇总凭证。科目汇总表的编制方法是，根据一定时期内的全部记账凭证，按照会计科目进行归类，定期汇总出每一个账户的借方本期发生额和贷方本期发生额，填写在科目汇总表的相关栏内。科目汇总表可每月编制一张，按旬汇总，也可每旬汇总一次编制一张。任何格式的科目汇总表，都只反映各个账户的借方本期发生额和贷方本期发生额，不反映各个账户之间的对应关系。

二、科目汇总表账务处理程序的特点

科目汇总表账务处理程序，又称记账凭证汇总表账务处理程序，是指对发生的各种经济业务先定期根据记账凭证汇总编制科目汇总表，并根据科目汇总表登记总分类账的一种账务处理程序。

科目汇总表账务处理程序的主要特点是，根据记账凭证定期编制科目汇总表，根据科目汇总表登记总分类账。

三、科目汇总表账务处理程序的步骤

科目汇总表账务处理程序是定期将各种记账凭证按会计科目在科目汇总表上进行汇总，然后根据科目汇总表登记总分类账，其一般步骤如图 8-3 所示。

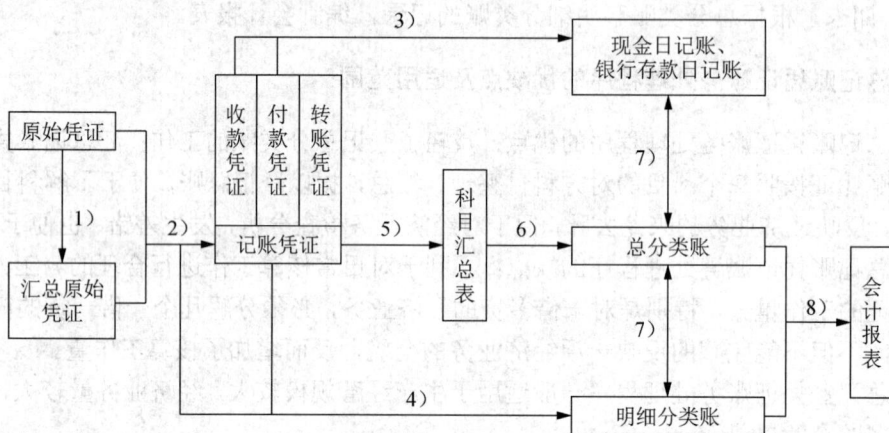

图 8-3　科目汇总表账务处理程序

──▶：据以填制或登记；　◀──▶：定期核对

1）根据原始凭证编制汇总原始凭证。

2）根据原始凭证或汇总原始凭证编制记账凭证。

3）根据收款凭证、付款凭证逐笔登记现金日记账和银行存款日记账。

4）根据原始凭证、汇总原始凭证和记账凭证登记各种明细分类账。

5）根据各种记账凭证编制科目汇总表。

6）根据科目汇总表登记总分类账。

7）期末，现金日记账、银行存款日记账和明细分类账的余额同有关总分类账的余额核对相符。

8）期末，根据总分类账和明细分类账的记录，编制会计报表。

四、科目汇总表账务处理程序的优缺点及适用范围

科目汇总表账务处理程序的优点：根据科目汇总表登记总分类账，能大大减少总分类账的登记工作量；根据科目汇总表中各科目的借方发生额合计与贷方发生额合计之间的相等关系，能起到入账前的试算平衡作用。

科目汇总表账务处理程序的缺点：在科目汇总表和总分类账中，不能明确反映各账户间的对应关系，无法揭示资金变化的来龙去脉。

科目汇总表账务处理程序一般适用于经营规模较大、经济业务较多的大中型企业单位。

【例】假设某企业存在已发生的经济业务和相应记账凭证。

1）根据记账凭证，利用编制科目汇总表工作底稿的方法，对全部会计科目分别按照借、贷方发生额进行汇总（本例假定是月末一次编制）。

2）根据科目汇总表工作底稿汇总的结果编制科目汇总表。科目汇总表工作底稿如图 8-4 所示，科目汇总表如图 8-5 所示。

科目汇总表工作底稿

20××年 1 月 31 日

借方	生产成本		贷方		借方	原材料		贷方	
转1	58 000				银付2	4 000	转1	58 000	
转2	10 000								
转3	30 000						转2	10 200	
转5	9 600								
合计	107 600				合计	4 000	合计	68 200	

借方	库存现金		贷方		借方	银行存款		贷方	
银付1	50 000	现付1	50 000				银付1	50 000	
		现付2	200				银付2	4 680	
							银付3	11 700	
合计	50 000	合计	50 200				合计	66 380	

借方	应付职工薪酬		贷方		借方	应交税费		贷方	
现付1	50 000	转3	50 000		银付2	680			
合计	50 000	合计	50 000		合计	680			

借方	应付账款		贷方		借方	管理费用		贷方	
银付3	11 700				现付2	200			
					转3	12 000			
					转4	600			
合计	11 700				合计	12 800			

借方	制造费用		贷方		借方	累计折旧		贷方	
转2	200	转5	9 600						
转3	8 000						转4	2 000	
转4	1 400								
合计	9 600	合计	9 600				合计	2 000	

图 8-4　汇总结果

科 目 汇 总 表

20××年1月31日　　　　　　　　　　　　　　汇字第1号

会计科目	本期发生额		√
	借方	贷方	
生产成本	107 600		
原材料	4 000	68 200	
库存现金	50 000	50 200	
银行存款		66 380	√
应付职工薪酬	50 000	50 000	
应交税费	680		
应付账款	11 700		
管理费用	12 800		
制造费用	9 600	9 600	
累计折旧		2 000	
合计	¥246 380	¥246 380	

图 8-5　科目汇总表

3）根据"科目汇总表"登记总分类账（本例以"银行存款"总分类账为例，如图 8-6 所示，其他总分类账的登记从略）。

总 分 类 账

账户名称：银行存款

20××年		凭证		摘要	借方									贷方									借或贷	余额								
月	日	字	号		百	十	万	千	百	十	元	角	分	百	十	万	千	百	十	元	角	分		百	十	万	千	百	十	元	角	分
1	1			上年结转																			借		1	2	5	9	0	0	0	0
1	31	汇	1	1月1日~31日汇总过入												6	6	3	8	0	0	0	借			5	9	5	2	0	0	0

图 8-6　"银行存款"总分类账

162

课后练习

一、单项选择题

1. 对一定时期内同类记账凭证进行定期汇总而编制的记账凭证不包括（　　）。
    A. 汇总记账凭证
    B. 汇总付款凭证
    C. 汇总转账凭证
    D. 汇总对账凭证

2. 直接根据记账凭证逐步登记总分类账的会计核算程序是（　　）。
    A. 科目汇总表账务处理程序
    B. 汇总记账凭证账务处理程序
    C. 记账凭证账务处理程序
    D. 日记总账账务处理程序

3. 最基本的账务处理程序是（　　）。
    A. 科目汇总表账务处理程序
    B. 记账凭证账务处理程序
    C. 汇总记账凭证账务处理程序
    D. 日记总账账务处理程序

4. 采用记账凭证账务处理程序时，登记总账的依据是（　　）。
    A. 原始凭证
    B. 记账凭证
    C. 日记账
    D. 科目汇总表

5. 账务处理程序的核心是（　　）。
    A. 凭证组织
    B. 账簿组织
    C. 记账程序
    D. 报表组织

6. （　　）核算形式是最基本的一种会计核算形式。
    A. 日记总账
    B. 汇总记账凭证
    C. 科目汇总表
    D. 记账凭证

7. 根据科目汇总表登记总账，在简化登记总账工作的同时，也起到了（　　）的作用。
    A. 简化报表编制
    B. 反映账务对应关系
    C. 简化明细账工作
    D. 发生额试算平衡

8. 各种账务处理程序的主要区别是（　　）。
    A. 凭证格式不同
    B. 设置账户不同
    C. 程序繁简不同
    D. 登记总账的依据不同

9. 属于记账凭证核算程序主要缺点的是（　　）。
    A. 不能体现账户的对应关系
    B. 不便于会计合理分工
    C. 方法不易掌控
    D. 登记总账的工作量较大

10. 科目汇总表账务处理程序适用于（　　）。
    A. 规模较小、业务量较少的单位
    B. 规模较小、业务量较多的单位
    C. 规模较大、业务量较少的单位
    D. 规模较大、业务量较多的单位

二、多项选择题

1. 会计核算程序是对（   ）按照一定的形式和方法相结合的方式。
   A. 会计科目 　　　　　　　　B. 会计凭证
   C. 会计账簿 　　　　　　　　D. 财务报表

2. 汇总记账凭证财务处理程序下总账的登记依据有（   ）。
   A. 汇总收款凭证 　　　　　　B. 汇总付款凭证
   C. 科目汇总表 　　　　　　　D. 汇总转账凭证

3. 下列项目中，可以根据记账凭证汇总编制的有（   ）。
   A. 科目汇总表 　　　　　　　B. 汇总记账凭证
   C. 发出材料汇总表 　　　　　D. 汇总转账凭证

4. 总分类账登记的依据有（   ）。
   A. 记账凭证 　　　　　　　　B. 汇总记账凭证
   C. 科目汇总表 　　　　　　　D. 明细分类账

5. 在科目汇总表核算形式下，记账凭证是用来（   ）的依据。
   A. 登记库存现金日记账 　　　B. 登记总分类账
   C. 登记明细分类账 　　　　　D. 编制科目汇总表

6. 在会计核算中，可以作为登记入账依据的是（   ）。
   A. 记账凭证 　　　　　　　　B. 科目汇总表
   C. 汇总记账凭证 　　　　　　D. 汇总记账凭证账务处理程序

7. 我国常用的账务处理程序主要有（   ）。
   A. 记账凭证账务处理程序 　　B. 汇总记账凭证账务处理程序
   C. 多栏式日记账账务处理程序 D. 科目汇总表账务处理程序

8. 对于汇总记账凭证账务处理程序，下列说法中错误的是（   ）。
   A. 登记总分类账工作量大 　　B. 不能体现账户之间的对应关系
   C. 明细账和总分类账无法核对 D. 汇总记账凭证的编制较为烦琐

三、判断题

1. 科目汇总表账务处理程序要根据科目汇总表来登记明细分类账。   （   ）
2. 记账凭证账务处理程序最主要的缺点是不便于查对账目。   （   ）
3. 根据科目汇总表登记总分类账是科目汇总表账务处理程序区别于其他账务处理程序的主要特点。   （   ）
4. 采用科目汇总表账务处理程序，总分类账、明细分类账和日记账都应根据科目汇总表登记。   （   ）

5．科目汇总表账务处理程序能科学地反映账户的对应关系，且便于账目核对。（　　　）

6．科目汇总表账务处理程序只适应于经济业务不太复杂的中小型单位。（　　　）

7．各种账务处理程序的主要区别在于登记总分类账的依据不同。（　　　）

8．在各种账务处理程序下，其登记库存现金日记账的直接依据都是相同的。（　　　）

第九章 财务报表

◎**知识目标**

1. 了解财务报表的概念与分类。
2. 熟悉财务报表编制的基本要求。
3. 熟悉资产负债表的列示要求与编制方法。
4. 熟悉利润表的列示要求与编制方法。
5. 掌握资产负债表、利润表的作用。

◎**能力目标**

能够正确编制财务报表。

第一节 财务报表概述

一、财务报表的概念与分类

1. 财务报表的概念

财务报表是对企业财务状况、经营成果和现金流量的结构性表述。

财务报表至少应当包括下列组成部分：①资产负债表；②利润表；③现金流量表；④所有者权益变动表；⑤附注。财务报表的这 5 个组成部分具有同等重要的程度。

资产负债表、利润表和现金流量表分别从不同角度反映企业的财务状况、经营成果和现金流量。资产负债表反映企业特定日期所拥有的资产、需偿还的债务，以及股东（投资者）拥有的净资产情况。利润表反映企业一定期间的经营成果即利润或亏损的情况，表明企业运用所拥有的资产的获利能力。现金流量表反映企业在一定会计期间现金和现金等价物流入和流出的情况。

所有者权益变动表反映构成所有者权益的各组成部分当期的增减变动情况。企业的净利润及其分配情况是所有者权益变动的组成部分，相关信息已经在所有者权益变动表及其附注中反映，企业不需要再单独编制利润分配表。

附注是财务报表不可或缺的组成部分，是对在资产负债表、利润表、现金流量表和所有者权益变动表等报表中列示项目的文字描述或详细资料，以及对未能在这些报表中列示项目的说明。

2. 财务报表的分类

（1）按反映的经济内容分类

财务报表按其反映的经济内容不同，分为反映财务状况的财务报表、反映经营成果的财务报表和反映财务状况变动的财务报表。反映财务状况的财务报表，反映企业某一特定日期的财务状况，如资产负债表。反映经营成果的财务报表，反映企业某一会计期间的经营成果，如利润表。反映财务状况变动的财务报表，反映企业某一会计期间所有者权益的各组成部分当期的增减变动情况，如所有者权益变动表。

（2）按编报期间不同分类

财务报表可以按其编报期间不同，分为中期财务报表和年度财务报表。中期财务报表是以短于一个完整会计年度的报告期间为基础编制的财务报表，包括月报、季报和半年报等。年度财务报表是指以一个完整的会计年度（自公历 1 月 1 日起至 12 月 31 日止）为基础编制的财务报表。年度财务报表简称年报，在年度终了时编制，于年度终了后 4 个月内对外提供。

（3）按编报主体不同分类

财务报表按其编报主体不同，分为个别财务报表和合并财务报表。个别财务报表是指由公司或子公司编制的，仅反映母公司或子公司自身财务状况、经营成果和现金流量的报表。合并财务报表是指由母公司编制的，将母子公司形成的企业集团作为一个会计主体，综合反映企业集团整体财务状况经营成果和现金流量的报表。

二、财务报表编制的基本要求

1. 以持续经营为基础编制

企业应当以持续经营为基础，根据实际发生的交易和事项，按照《企业会计准则——基本准则》和其他各项会计准则的规定进行确认和计量，在此基础上编制财务报表。如果以持续经营为基础编制财务报表不再合理，企业应当采用其他基础编制财务报表，并在附注中声明财务报表未以持续经营为基础编制的事实、披露未以持续经营为基础编制的原因和财务报表的编制基础。

2. 采用正确的会计基础

除现金流量表按照收付实现制原则编制外，企业应当按照权责发生制原则编制其他财务报表。

3. 至少按年编制财务报表

企业至少应当按年编制财务报表。年度财务报表涵盖的期间短于1年的，应当披露年度财务报表的涵盖期间、短于1年的原因，以及报表数据不具可比性的事实。

4. 项目列报遵守重要性原则

此处的重要性，是指在合理预期下，财务报表某项目的省略或错报会影响使用者据此做出经济决策，该项目具有重要性。

重要性应当根据企业所处的具体环境，从项目的性质和金额两方面予以判断，且对各项目重要性的判断标准一经确定，不得随意变更。判断项目性质的重要性，应当考虑该项目在性质上是否属于企业日常活动、是否显著影响企业的财务状况、经营成果和现金流量等因素；判断项目金额大小的重要性，应当考虑该项目金额占资产总额、负债总额、所有者权益总额、营业收入总额、营业成本总额、净利润、综合收益总额等直接相关项目金额的比重或所属报表单列项目金额的比重。

性质或功能不同的项目，应当在财务报表中单独列报，但不具有重要性的项目除外。

性质或功能类似的项目，其所属类别具有重要性的，应当按其类别在财务报表中单独列报。

某些项目的重要性程度不足以在资产负债表、利润表、现金流量表或所有者权益变动表中单独列示，但对附注却具有重要性，则应当在附注中单独披露。

《企业会计准则第30号——财务报表列报》规定在财务报表中单独列报的项目，应当单独列报。其他会计准则规定单独列报的项目，应当增加单独列报项目。

5. 保持各个会计期间财务报表项目列报的一致性

财务报表项目的列报应当在各个会计期间保持一致，除会计准则要求改变财务报表项目的列报或企业经营业务的性质发生重大变化后，变更财务报表项目的列报能够提供更可靠、更相关的会计信息外，不得随意变更。

6. 各项目之间的金额不得相互抵销

财务报表中的资产项目和负债项目的金额、收入项目和费用项目的金额、直接计入当期利润的利得项目和损失项目的金额不得相互抵销，但其他会计准则另有规定的除外。

一组类似交易形成的利得和损失应当以净额列示，但具有重要性的除外。

资产或负债项目按扣除备抵项目后的净额列示，不属于抵销。

非日常活动产生的利得和损失，以同一交易形成的收益扣减相关费用后的净额列示更能反映交易实质的，不属于抵销。

7. 至少应当提供所有列报项目上一个可比会计期间的比较数据

当期财务报表的列报，至少应当提供所有列报项目上一个可比会计期间的比较数据，以及与理解当期财务报表相关的说明，但其他会计准则另有规定的除外。

财务报表的列报项目发生变更的，应当至少对可比期间的数据按照当期的列报要求进行调整，并在附注中披露调整的原因和性质，以及调整的各项目金额。对可比数据进行调整不切实可行的，应当在附注中披露不能调整的原因。

8. 应当在财务报表的显著位置披露编报企业的名称等重要信息

企业应当在财务报表的显著位置（如表首）至少披露以下各项：①编报企业的名称；②资产负债表日或财务报表涵盖的会计期间；③人民币金额单位；④财务报表是合并财务报表的，应当予以标明。

三、财务报表编制前的准备工作

在编制财务报表前，需要完成以下工作。

1) 严格审核会计账簿的记录和有关资料。

2) 进行全面财产清查、核实债务，并按规定程序报批，进行相应的会计处理。

3) 按规定的结账日进行结账，结出有关会计账簿的余额和发生额，并核对各会计账簿之间的余额。

4) 检查相关的会计核算是否按照国家统一的会计制度的规定进行。

5) 检查是否存在因会计差错、会计政策变更等原因需要调整前期或本期相关项目的情况等。

第二节　资产负债表

一、资产负债表的概念与作用

资产负债表是反映企业在某一特定日期的财务状况的财务报表。

资产负债表的作用如下。

1) 可以提供某一日期资产的总额及其结构，表明企业拥有或控制的资源及其分布情况。

2) 可以提供某一日期的负债总额及其结构，表明企业未来需要用多少资产或劳务清偿债务以及清偿时间。

3) 可以反映所有者所拥有的权益，据以判断资本保值、增值的情况以及对负债的

保障程度。

二、资产负债表的列示要求

（1）要求分类别列报

资产负债表应当按照资产、负债和所有者权益三大类别分类列报。

（2）要求按顺序列报

流动性是根据资产的变现能力强弱或负债的偿还时间长短来确定的。资产应当按照流动性分为流动资产和非流动资产列示。负债按照偿还时间的先后顺序分为流动负债和非流动负债列示。所有者权益按其重要性（稳定性）的顺序列示。

（3）列报相关的合计、总计项目

资产负债表中的资产类至少应当列示流动资产和非流动资产的合计项目；负债类至少应当列示流动负债、非流动负债及负债的合计项目；所有者权益类应当列示所有者权益的合计项目。

资产负债表应当分别列示资产总计项目和负债与所有者权益之和的总计项目，并且这两者的金额应当相等。

三、我国企业资产负债表的一般格式

在我国，资产负债表采用账户式的格式，即左侧列示资产；右侧列示负债和所有者权益。

资产负债表由表头和表体两部分组成。表头部分应列明报表名称、编表单位名称、资产负债表日和人民币金额单位；表体部分反映资产、负债和所有者权益的内容。其中，表体部分是资产负债表的主体和核心，各项资产按流动性排列，负债按偿还时间的先后顺序排列，所有者权益项目按稳定性排列。我国企业资产负债表的格式如表9-1所示。

表9-1 资产负债表（简表）

会企01表

编制单位：　　　　　　　　　　　年　　月　　日　　　　　　　　　　　单位：元

资产	期末余额	年初余额	负债和所有者权益（或股东权益）	期末余额	年初余额
流动资产：			流动负债		
货币资金			短期借款		
交易性金融资产			交易性金融负债		
应收票据			应付票据		
应收账款			应付账款		
预付款项			预收款项		
应收利息			应付职工薪酬		

续表

资产	期末余额	年初余额	负债和所有者权益（或股东权益）	期末余额	年初余额
应收股利			应交税费		
其他应收款			应付利息		
存货			应付股利		
一年内到期的非流动资产			其他应付款		
其他流动资产			一年内到期的非流动负债		
流动资产合计			其他流动负债		
非流动资产：			流动负债合计		
可供出售金融资产			非流动负债：		
持有至到期投资			长期借款		
长期应收款			应付债券		
长期股权投资			长期应付款		
固定资产			其他非流动负债		
在建工程			非流动负债合计		
固定资产清理			负债合计		
无形资产			所有者权益（或股东权益）：		
商誉			实收资本（或股本）		
长期待摊费用			资本公积		
其他非流动资产			减：库存股		
非流动资产合计			盈余公积		
			未分配利润		
			所有者权益（或股东权益）合计		
资产总计			负债和所有者权益（或股东权益）总计		

单位负责人：　　　　　　会计主管：　　　　　　复核：　　　　　　制表：

四、资产负债表编制的基本方法

资产负债表各科目均需填列"期末余额"和"年初余额"两栏。

1. "期末余额"栏的填列方法

资产负债表"期末余额"栏内各项数字，一般应根据资产、负债和所有者权益类科目的期末余额填列，具体方法如下。

1）根据一个或几个总账科目的余额填列。例如，"短期借款""应付票据""应付职工薪酬"等项目根据"短期借款""应付票据""应付职工薪酬"各总账科目的余额直接填列；有些项目则需根据几个总账科目的期末余额计算填列，如"货币资金"项目，需根据"库存现金""银行存款""其他货币资金"3个总账科目的期末余额的合计数填列。

【例9-1】红星公司2018年5月31日结账后的"库存现金"账户余额为5000元，"银行存款"账户余额为1600000元，"其他货币资金"账户余额为300000元。

该公司2018年4月30日资产负债表中的"货币资金"项目金额为1905000元（5000+1600000+300000）。

本例中，企业应当按照"库存现金""银行存款"和"其他货币资金"3个总账科目余额加总后的金额，作为资产负债表中"货币资金"项目的金额。

【例9-2】2018年5月1日，红星公司向银行借入一年期借款320000元，向其他金融机构借款230000元，无其他短期借款业务发生。

该公司2018年5月31日资产负债表中的"短期借款"项目金额为550000元（320000+230000）。

本例中，企业直接以"短期借款"总账科目余额填列在资产负债表中。

【例9-3】红星公司2018年5月3日应付甲企业商业票据32000元，应付乙企业商业票据56000元，应付丙企业商业票据680000元，尚未支付。

该公司在2018年5月31日资产负债表中"应付票据"项目金额为768000元（32000+56000+680000）。

本例中，企业直接以"应付票据"总账科目余额填列在资产负债表中。

2）根据明细账科目的余额计算填列。例如，"应付账款"项目需要根据"应付账款"和"预付账款"两个科目所属的相关明细科目的期末贷方余额计算填列；"应收账款"项目，需要根据"应收账款"和"预收账款"两个科目所属的相关明细科目的期末借方余额计算填列。

【例9-4】红星公司2018年4月底结账后有关科目所属明细科目借贷方余额如表9-2所示。

表9-2　科目余额表

单位：元

科目名称	明细科目借方余额合计	明细科目贷方余额合计
应收账款	100 000	20 000
预付账款	60 000	5 000
应付账款	70 000	12 000
预收账款	10 000	85 000

该公司2018年5月31日资产负债表中相关项目的金额：

"应收账款"项目金额为100 000+10 000=110 000（元）（暂不考虑应收账款坏账准备）。

"预付账款"项目金额为60 000+70 000=130 000（元）。

"应付账款"项目金额为12 000+5 000=17 000（元）。

"预收账款"项目金额为85 000+20 000=105 000（元）。

3）根据总账科目和明细账科目的余额分析计算填列。例如，"长期借款"项目需要

根据"长期借款"总账科目余额扣除"长期借款"科目所属的明细科目中将在一年内到期且企业不能自主地将清偿义务展期的长期借款后的金额计算填列。

【例9-5】红星公司2018年5月份长期借款情况如表9-3所示。

表9-3　长期借款表

借款起始日期	借款期限/年	金额/元
2017年4月1日	3	120 000
2016年5月7日	5	100 000
2015年3月10日	4	200 000

红星公司2018年5月底的资产负债表中"长期借款"项目金额为：120 000+100 000=220 000（元）。

注："长期借款"总账科目余额120 000+100 000+200 000=420 000（元），减去一年内到期的长期借款200 000元，作为资产负债表中"长期借款"项目的金额，即420 000-200 000=220 000（元）。

4）根据有关科目余额减去其备抵科目余额后的净额填列。例如，"固定资产"项目应根据"固定资产"科目的期末余额减去"累计折旧""固定资产减值准备"科目余额后的净额填列。

【例9-6】红星公司2018年5月31日结账后，"固定资产"科目余额为670 000元，"累计折旧"科目余额为257 000元，"固定资产减值准备"科目余额为76 000元。

红星公司2018年5月31日资产负债表中的"固定资产"项目金额为：670 000-257 000-76 000=337 000（元）。

【例9-7】红星公司2018年5月31日结账后"应收账款"账户所属各明细账户的期末借方余额合计为110 000元，贷方余额合计20 000元，对应收账款计提的坏账准备为13 000元，假定"预收账款"账户所属明细账户无借方余额。

红星公司2018年5月31日资产负债表中的"应收账款"项目金额为：110 000-13 000=97 000（元）。

【例9-8】红星公司2018年5月31日结账后，"无形资产"账户余额为730 000元，"累计摊销"账户余额为69 000元。

红星2018年5月31日资产负债表中的"无形资产"项目金额为：730 000-69 000=661 000（元）。

把上述计算结果填入资产负债表相应栏目中即可。

5）综合运用上述填列方法分析填列。

2. "年初余额"栏的填列方法

本表的"年初余额"栏通常根据上年末有关项目的期末余额填列，且与上年末资产

负债表"期末余额"栏一致。如果企业上年度资产负债表规定的项目名称和内容与本年度不一致，应当对上年年末资产负债表相关项目的名称和数字按照本年度的规定进行调整，填入"年初余额"栏。

<h1 style="text-align:center">第三节　利　润　表</h1>

一、利润表的概念与作用

利润表是反映企业在一定会计期间的经营成果的财务报表。

利润表的作用主要如下。

1）反映一定会计期间收入的实现情况。

2）反映一定会计期间费用的耗费情况。

3）反映企业经济活动成果的实现情况，据以判断资本保值增值等情况。

二、利润表的列示要求

1）企业在利润表中的收益按来源分为营业收入、投资收益、公允价值变动收益和营业外收入。

2）企业在利润表中应当对费用按照功能分类，具体可分为从事经营业务发生的营业成本、税金及附加、销售费用、管理费用和财务费用等，且应当单独列示。

三、我国企业利润表的一般格式

在我国，企业应当采用多步式利润表，将不同性质的收入和费用分别进行对比，以便得出一些中间性的利润数据，帮助使用者理解企业经营成果的不同来源。

利润表通常包括表头和表体两部分。表头应列明报表名称、编表单位名称、财务报表涵盖的会计期间和人民币金额单位等内容；利润表的表体，反映形成经营成果的各个项目和计算过程。我国企业利润表的格式一般如表 9-4 所示。

表9-4　利润表（简表）

编制单位：　　　　　　　　　　年　　月　　日　　　　　　　　　　单位：元

项目	本期金额	上期金额
一、营业收入		
减：营业成本		
税金及附加		
销售费用		

项目	本期金额	上期金额
管理费用		
财务费用		
资产减值损失		
加：公允价值变动收益（损失以"–"号填列）		
投资收益（损失以"–"号填列）		
二、营业利润（亏损以"–"号填列）		
加：营业外收入		
减：营业外支出		
三、利润总额（亏损总额以"–"号填列）		
减：所得税费用		
四、净利润（净亏损以"–"号填列）		

单位负责人：　　　　　会计主管：　　　　　　复核：　　　　　　制表：

四、利润表编制的基本方法

1. "本期金额"栏的填列方法

"本期金额"栏根据"营业收入""营业成本""税金及附加""销售费用""管理费用""财务费用""资产减值损失""公允价值变动收益""投资收益""营业外收入""营业外支出""所得税费用"等账户的发生额分析填列。其中，"营业利润""利润总额""净利润"等账户根据该表中相关项目计算填列。

【例 9-9】红星公司 2018 年 5 月份结账后"主营业务收入"账户的贷方发生额为 1 650 000 元，"其他业务收入"账户的贷方发生额为 2 000 000 元。

红星公司 2018 年 5 月份利润表中"营业收入"项目金额为 3 650 000 元（1 650 000+ 2 000 000）。

【例 9-10】红星公司 2018 年 5 月份结账后"主营业务成本"账户的借方发生额为 300 000 元；2018 年 5 月 21 日，销售给甲公司的一批产品由于质量问题被退回，该项销售已确认成本 110 000 元；"其他业务成本"账户借方发生额为 80 000 元。

红星公司 2018 年 5 月份利润表中的"营业成本"的项目金额为 270 000 元（300 000– 110 000+80 000）。

【例 9-11】红星公司 2018 年 5 月份"主营业务收入"账户发生额为 1 650 000 元，"主营业务成本"账户发生额为 300 000 元，"其他业务收入"账户发生额为 2 000 000 元，"其他业务成本"账户发生额为 80 000 元，"税金及附加"账户发生额为 360 000 元，"销售费用"账户发生额为 60 000 元，"管理费用"账户发生额为 50 000 元，"财务费用"账户发生额为 170 000 元，"营业外收入"账户发生额为 100 000 元，"营业外支出"账户发生额为 140 000 元。

红星公司 2018 年 5 月份营业利润为 2 630 000 元(1 650 000+2 000 000-300 000-80 000-360 000-60 000-50 000-170 000)。

红星公司 2018 年 5 月份利润总额为 2 590 000 元（2 630 000+100 000-140 000）。

把上述计算结果填入利润表相应栏目中即可。

2．"上期金额"栏的填列方法

"上期金额"栏应根据上年该期利润表"本期金额"栏内所列数字填列。如果上年该期利润表规定的各个项目的名称和内容同本期不一致，应对上年该期利润表各项目的名称和数字按本期的规定进行调整，填入利润表"上期金额"栏内。

课后练习

一、单项选择题

1．反映企业在一定时期内经营成果的报表是（   ）。
   A．资产负债表 　　　　　　　　　　B．利润表
   C．资产减值准备明细表 　　　　　　D．现金流量表
2．资产负债表中的资产项目是（   ）排列。
   A．按其流动性 　　B．按其重要性 　　C．按其有用性 　　D．按随意性
3．下列项目中，不包括在利润表中的是（   ）。
   A．营业费用 　　　B．管理费用 　　　C．制造费用 　　　D．财务费用
4．按照我国《企业会计制度》的规定，资产负债表采用的格式为（   ）。
   A．单步式 　　　　B．多步式 　　　　C．账户式 　　　　D．报告式
5．不能通过资产负债表了解的会计信息是（   ）。
   A．企业所拥有或控制的资源构成及分布情况
   B．企业的偿债能力
   C．所有者权益的构成情况
   D．现金的流动情况
6．会计报表中各项目的数字，其直接来源是（   ）。
   A．原始凭证 　　　B．记账凭证 　　　C．日记账 　　　　D．账簿记录
7．下列会计报表中，反映企业在某一特定日期财务状况的是（   ）。
   A．现金流量表 　　B．利润表 　　　　C．资产负债表 　　D．利润分配表
8．在利润表中，从利润总额中减去（   ），可得出净利润。
   A．应交所得税 　　B．利润分配数 　　C．营业费用 　　　D．所得税费用
9．资产负债表中的所有者权益反映的是在某一特定日期投资者拥有的（   ）总额。
   A．总资产 　　　　B．净资产 　　　　C．总负债 　　　　D．未分配利润

10. 债权人作为会计信息的外部使用者，主要关注（   ）。

    A. 投入资金的运作情况

    B. 企业是否遵守了统一的会计法规

    C. 企业是否及时足额的缴纳税款

    D. 企业是否能如期偿还借款本金并支付利息

11. 编制资产负债表所依据的会计等式是（   ）。

    A. 收入-费用=利润

    B. 资产=负债+所有者权益

    C. 借方发生额=贷方发生额

    D. 期初余额+本期借方发生额-本期贷方发生额=期末余额

12. 编制利润表所依据的会计等式是（   ）。

    A. 收入-费用=利润

    B. 资产=负债+所有者权益

    C. 借方发生额=贷方发生额

    D. 期初余额+本期借方发生额-本期贷方发生额=期末余额

二、多项选择题

1. 会计报表的使用者包括（   ）。

    A. 债权人   B. 企业内部管理层

    C. 投资者   D. 国家有关政府部门

2. 根据《企业会计制度》的规定，企业应编制和对外报送的基本会计报表包括（   ）。

    A. 资产负债表   B. 利润表   C. 现金流量表   D. 利润分配表

3. 通过资产负债表可以了解的信息有（   ）。

    A. 企业某一日期所拥有或控制的各种资源的构成及其分布情况

    B. 可以了解企业负担的长期债务和短期债务数额

    C. 了解所有者权益的构成情况

    D. 可以分析企业所面临的财务风险

4. 资产负债表的货币资金项目数据可根据（"   "）账户余额计算填列。

    A. 库存现金   B. 银行存款   C. 其他货币资金   D. 现金等价物

5. 按照我国《企业会计制度》规定，企业的利润表采用多步式结构反映。在计算营业利润步骤时，应考虑的项目有（   ）。

    A. 主营业务利润   B. 管理费用   C. 财务费用   D. 投资收益

6. 影响营业利润的项目有（   ）。

    A. 主营业务收入   B. 营业外收入   C. 投资收益   D. 所得税费用

7．影响净利润的项目有（　　　）。

    A．营业利润　　　B．营业外收入　　C．投资收益　　　D．所得税费用

8．（"　　　"）账户出现借方余额，应以"-"号填列在资产负债表中。

    A．应付职工薪酬　　　　　　　　B．应交税费

    C．其他应交款　　　　　　　　　D．固定资产清理

9．下列报表项目中，可以直接根据总账科目余额填列的有（　　　）。

    A．固定资产清理　　B．无形资产　　C．货币资金　　　D．应付票据

10．下列资产负债表项目中，需根据有关总账及其所属明细账户余额计算填列的有（　　　）。

    A．存货　　　　　　B．短期借款　　C．应收股利　　　D．货币资金

三、判断题

1．资产负债表是反映企业在一定时期内财务状况的报表。　　　　　　　（　　）

2．利润表是一张动态报表。　　　　　　　　　　　　　　　　　　　　（　　）

3．资产负债表结构设计的理论依据是"资产=负债+所有者权益"会计等式。（　　）

4．利润表结构设计的理论基础是"收入-费用=利润"会计等式。　　　　（　　）

5．资产负债表"期末数"栏各项目主要是根据有关总账的本期发生额填列的。（　　）

6．利润表各项目的数据主要来源于各损益类账户的本期发生额。　　　　（　　）

7．现金流量表是以现金和现金等价物为基础编制的财务状况变动表。这里的"现金"是指企业的库存现金。　　　　　　　　　　　　　　　　　　　　　　　　（　　）

8．财务会计报告使用者在报送单位未正式对外披露前，有义务对其内容保密。（　　）

四、业务题

1．练习资产负债表的填列。

冰峰公司 2018 年 5 月 31 日有关账户的期末余额如表 9-5 所示。

表 9-5　账户期末余额表

单位：元

总账账户	借方余额	贷方余额	总账账户	借方余额	贷方余额
应收账款	73 000				
预付账款	48 000		短期借款		38 000
原材料	66 000		应付账款		72 500
库存商品	35 000		预收账款		42 000
固定资产	286 000		本年利润		76 000
累计折旧		41 000	利润分配		21 000
坏账准备		580			

其中：

应收账款——A 公司（借）86 000 元

　　　　　——B 公司（借）16 000 元

　　　　　——C 公司（贷）29 000 元

预付账款——D 公司（借）64 000 元

　　　　　——F 公司（贷）16 000 元

应付账款——H 公司（贷）80 000 元

　　　　　——G 公司（借）7 500 元

预收账款——X 公司（贷）42 000 元

要求：根据上述资料计算资产负债表中下列项目的填列金额。

应收账款=　　　　　　　　　　预付账款=

存货=　　　　　　　　　　　　固定资产净值=

短期借款=　　　　　　　　　　应付账款=

预收账款=　　　　　　　　　　未分配利润=

2. 练习利润表的编制。

长生公司 2018 年 12 月份结账前有关账户资料摘要如表 9-6 所示。

表 9-6　账户资料表

单位：元

账户名称	1～11 月累计数	12 月 31 日结账前余额
主营业务收入	1 630 000	143 600
主营业务成本	1 120 000	750
营业税金及附加	15 000	2 000
销售费用	9 000	4 200
管理费用	24 000	8 000
财务费用	12 000	600
其他业务收入	58 000	121 000
其他业务支出	34 000	
营业外收入	16 000	
营业外支出	7 000	
所得税费用	159 390	
本年利润	323 610	

长生公司 12 月 31 日发生以下调整及结转业务：

1）计提本月行政管理部门使用固定资产折旧 500 元。

2）结算本月行政管理人员工资 3 000 元。

3）预提本月短期借款利息 150 元。

4）结转本月产品销售成本 86 000 元。

5）计算并结转本月损益。

6）按 25%税率计算并结转本月所得税。

7）按本年税后利润的 10%和 5%分别提取法定盈余公积金和法定公益金。

8）向投资者分配利润 98 000 元。

9）结转"本年利润"账户。

要求：

1）根据上述资料编制有关会计分录。

2）根据上述资料编制长生公司 2018 年 12 月份利润表。

参 考 文 献

财政部会计资格评价中心，2017．初级会计实务[M]．北京：经济科学出版社．

陈信元，2000．会计学[M]．上海：上海财经大学出版社．

葛家澍，刘峰，1999．会计学导论[M]．2版．上海：立信会计出版社．

郭丽华，2016．基础会计[M]．成都：西南财经大学出版社．

李海波，蒋英，2017．新编会计学原理：基础会计[M]．18版．上海：立信会计出版社．

励丹，2012．基础会计[M]．上海：华东师范大学出版社．

全国会计从业资格考试辅导教材编写组，2014．会计基础[M]．北京：经济科学出版社．

王建刚，周萍华，2006．会计学基础[M]．北京：经济管理出版社．

伍中信，2004．基础会计学[M]．长沙：中南大学出版社．

杨雄胜，2003．会计学概论[M]．南京：南京大学出版社．

中华人民共和国财政部，2006．企业会计准则[M]．北京：经济科学出版社．